Werkstätten für behinderte Menschen – Inklusionshemmnis oder Weg zur Teilhabe?

Eine Auseinandersetzung von Michael Weber

LAMBERTUS

Soziale Arbeit kontrovers (SAk) 27

Verlag des Deutschen Vereins
für öffentliche und private Fürsorge e.V.
Michaelkirchstraße 17/18, 10179 Berlin
www.deutscher-verein.de

Auslieferung über den Lambertus-Verlag:
www.lambertus.de

Druck:
PIEREG Druckcenter Berlin GmbH

Printed in Germany 2022
ISBN 978-3-7841-3537-3
ISBN E-Book 978-3-7841-3538-0

Gefördert vom:

Die Reihe „Soziale Arbeit kontrovers“

Der Deutsche Verein für öffentliche und private Fürsorge e.V. und der Lambertus Verlag möchten mit dieser Schriftenreihe aktuelle Fragen der Sozialen Arbeit aufgreifen und in knapper, handlicher Form Orientierungshilfen zur Verfügung stellen. Ausgehend von einer provokanten oder rhetorischen Fragestellung sollen vermeintliche Gewissheiten, Selbstverständlichkeiten oder Verallgemeinerungen kritisch überprüft werden. Ziel dieser Schriftenreihe soll es nicht sein, einfache Lösungen zu präsentieren, sondern die Komplexität der Themen vor dem Hintergrund der Entstehungs- und Rahmenbedingungen und der jeweiligen Einflussfaktoren darzustellen.

Die Herausgeber haben ein Format gewählt, das der Lesbarkeit und Übersichtlichkeit einen hohen Rang einräumt: Renommierte Autorinnen und Autoren legen ihre Forschungsergebnisse und Schlussfolgerungen knapp und ohne umfangreichen wissenschaftlichen Apparat dar. Dem Charakter der Reihe entspricht es, dass die unterbreiteten Ideen und Vorschläge nicht immer mit den Positionen der Herausgeber übereinstimmen. Unter www.deutscher-verein.de und www.caritas.de finden Sie jeweils die aktuellen sozialpolitischen Positionierungen des Deutschen Vereins und des Deutschen Caritasverbands (Gesellschafter des Lambertus-Verlags).

Wir hoffen, mit dieser Schriftenreihe den fachlichen Diskurs zu fördern und freuen uns auf Rückmeldungen der Leserschaft.

Michael Löher

Vorstand des Deutschen Vereins für öffentliche und private Fürsorge e.V.

Dr. Thomas Becker

Abteilungsleiter des Deutschen Caritasverbandes

Inhalt

Einleitung: Werkstätten als umstrittene Organisationen

Werkstätten für behinderte Menschen in Deutschland sind offensichtlich umstrittene Organisationen. Diesen Eindruck vermittelt beispielsweise der kürzlich von Heinrich Greving und Ulrich Scheibner herausgegebene Sammelband „Werkstätten für behinderte Menschen. Sonderwelt und Subkultur behindern Inklusion" (Greving/Scheibner 2021a). Die darin enthaltenen Beiträge könnten den Schluss zulassen, dass Werkstätten ganz grundsätzlich ihren Zweck verfehlen, Menschen mit Behinderung eine angemessene Teilhabe am Arbeitsleben zu ermöglichen.

Dafür werden juristische Belege angeführt (Verstöße gegen das Grundgesetz für die Bundesrepublik Deutschland [GG] und gegen Menschenrechte), es wird den Unternehmen bzw. Werkstattträgern ein betriebswirtschaftliches Versagen attestiert, das zumindest in Einzelfällen in quasi-kriminellen Auswüchsen kulminiere, und es werden fachpolitische Einwände geltend gemacht (Werkstätten wirkten als Sondereinrichtungen ausgrenzend und verhinderten Inklusion). Eingefügt sind diese Thesen in einen sozialwissenschaftlichen Theoriebaukasten, der mit spätmarxistischen und postkolonialen Einzelteilen bestückt wird.

Die sprachliche, methodische und strukturelle Qualität des Sammelbandes mag teilweise bestürzend gering sein – die Umstrittenheit der Institution Werkstatt für behinderte Menschen in unserer Gesellschaft ist ein Faktum. Es gibt seriöse sozial- und politikwissenschaftliche Zugänge zur Frage nach den Gründen der Umstrittenheit von Organisationen und deren Reaktionen auf entsprechende Vorwürfe. Der Konstanzer Verwaltungswissenschaftler Wolfgang Seibel hat in einem im Jahr 2020 erschienenen Beitrag den Begriff der „umstrittenen Organisation" geprägt, dabei vier

Quellen der Umstrittenheit benannt und typische Mechanismen von Organisationen identifiziert, mit ihrer Umstrittenheit umzugehen (vgl. Seibel 2020).

Im Folgenden werden die Merkmale der Umstrittenheit (chronische Leistungsschwäche, Affektbesetzung, Interessendivergenzen und Normverstöße) erläutert und mit Beispielen unterlegt. Gleichzeitig erfolgt eine Reaktion auf eine überzogene Werkstattkritik, die sich mit Blick auf eine gelingende Teilhabe an Arbeit von Menschen mit Behinderung als nicht zielführend erweist. Mögliche Antworten der Werkstätten auf die Umstrittenheit werden in einem zweiten Teil vorgestellt. Ein besonderes Augenmerk wird dabei auf die derzeit in der Diskussion befindliche Reform des Entgeltsystems in Werkstätten gelegt.

I. Merkmale umstrittener Organisationen

1. Chronische Leistungsschwäche

Chronische Leistungsschwäche ist die erste Quelle der Umstrittenheit, die Seibel aufführt und die er am Beispiel der Berliner Verwaltung veranschaulicht (vgl. Seibel 2020, 73 f.). Drei Jahrzehnte zuvor hatte Seibel das Phänomen der notorischen Leistungsschwäche noch am Beispiel der „Werkstätten für Behinderte" – wie es damals hieß – verdeutlicht (vgl. Seibel 1991). Bereits Anfang der 1990er-Jahre ging es ihm um die fehlende Zielerreichung, die Werkstätten an den Tag legen, wenn es um den Übergang von Menschen mit Behinderung auf den ersten Arbeitsmarkt geht. An der geringen Übergangsquote (sie lag und liegt bei ca. 0,5 %) hat sich bekanntlich bis heute nichts geändert.

Geringe Übergangsquote als Beleg für Leistungsschwäche?

Nun kann man natürlich das Kriterium der Übergangsquote als möglichen Leistungsnachweis von Werkstattarbeit als solches in Frage stellen. Immerhin arbeiten in der Werkstatt Menschen, die eine dauerhaft volle Erwerbsminderung haben. Die Erwerbsminderung ist also von vornherein auf unbestimmte Zeit angelegt, was Werkstätten von anderen beruflichen Reha-Einrichtungen, in denen Menschen zeitlich befristet rehabilitiert werden, prinzipiell unterscheidet. Deshalb zielt die Arbeits- und Rehabilitationsleistung von Werkstätten auch in erster Linie auf den Erhalt und die Steigerung der Leistungsfähigkeit und der Persönlichkeitsentwicklung ab und nicht für alle Beschäftigte gleichermaßen auf das Erreichen der Erwerbsfähigkeit.

Eine solche, in Grundsatzfragen der Werkstattkonstitution hineinführende Argumentation ist allerdings in politischen Diskursen, auf die auch Wolfgang Seibel abzielt, viel zu feingliedrig ausgerichtet. Der Gesetzgeber hat zwar in der Vorgabe des Zielspektrums von Werkstätten (§ 219 Neuntes Buch Sozialgesetzbuch [SGB IX]) die Förderung des Übergangs geeigneter Personen auf den allgemeinen Arbeitsmarkt durch geeignete Maßnahmen explizit erwähnt, aber aus guten und noch zu erläuternden Gründen auf eine Quantifizierung der Übergangsquote verzichtet. In diese politische Grauzone lässt sich leicht hineinstoßen, wenn es um die grundsätzliche Kritik an Werkstattarbeit und ihrer vermeintlichen Leistungsschwäche geht. Bisweilen wirkt bereits ein schlichter Prozentwert beeindruckend – 0,5 % sind „irgendwie wenig" –, zumindest dann, wenn der Kontext seiner Ermittlung im Unklaren bleibt.

An dieser Ausgangslage einer Werkstattkritik hat sich in den letzten dreißig Jahren nichts geändert. Insofern sind auch die diesbezüglichen Einschätzungen Seibels nach wie vor aktuell. Wenn Organisationen ihre selbst gesteckten oder, wie im Falle von Werkstätten, ihre gesetzlich vorgegebenen Ziele (§ 219 Abs. 1 Satz 3 SGB IX) dauerhaft nicht oder nur in geringem Maße erreichen, führt dies normalerweise zu ihrer Abschaffung. Auch wenn es in der politischen Öffentlichkeit aktuell viele Stimmen gibt, die für die Werkstätten genau dies fordern, sieht die politische Realität anders aus. Keine Bundesregierung in den letzten dreißig Jahren hat die Existenzberechtigung von Werkstätten ernsthaft in Frage gestellt.

Funktionaler Dilettantismus als Erklärung für Leistungsschwäche?

Seibel hatte bereits Anfang der 1990er-Jahre eine Antwort auf dieses Paradoxon des Fortbestandes einer Organisation trotz notorischer Zielverfehlung formuliert. Sie lautet: Fortbestand *wegen* Zielverfehlung. Die Erklärung erfolgt auf funktionalistischem Wege. In der Wirtschaftsordnung der Bundesrepublik Deutschland sei die „Integration Geistig Behinderter in die Arbeitswelt“ ein „nicht oder nur schwer lösbares Problem“ (Seibel 1991, 480). Es erfolge deshalb gewissermaßen ein ökonomisch-politisches Outsourcing an spezialisierte Institutionen, die weder Wirtschaftsorganisationen sind noch zur öffentlichen Verwaltung im engeren Sinne gehören. Wenn es weder reine Markt- noch reine Staatslösungen gibt und geben kann, das Ziel der Integration vornehmlich geistig behinderter Menschen in den Arbeitsmarkt zu erreichen, müssen, so Seibels Herleitung, intermediäre Organisationen des dritten Sektors einer Gesellschaft, wie z.B. Werkstätten für behinderte Menschen, geschaffen werden und daran arbeiten, das Integrationsproblem zu lösen.

Letztlich würden diese unlösbaren arbeitsmarktpolitischen Probleme an solche Organisationen aber lediglich abgeschoben und können dort gewissermaßen versickern, ohne größere politische Aufmerksamkeit oder gar Proteste zu verursachen. Das Outsourcing der Probleme, ihre Auslagerung in den dritten Sektor, beruhige das politische Gewissen einer Gesellschaft, in der es für leistungsgeminderte Personen in Unternehmen des ersten Arbeitsmarktes keine adäquate Verwendung gibt. Und damit das politische Gewissen möglichst dauerhaft beruhigt wird, dürften diese Organisationen keine besonders hohe Effizienz aufweisen. Maßnahmen zur Verbesserung von Problemlösungskapazitäten würden lediglich ein wachsendes Missverhältnis von Kosten und begrenztem Nutzen verursachen, weil die Aufgabe als solche letztlich unlösbar ist. Deshalb sei Dilettantismus der professionell Handelnden keine Ursache für das Scheitern von Organisationen, sondern sei im Gegenteil funktional für die Bestandserhaltung der Systeme. Seibel liefert damit eine ökonomische Begründung für einen „funktionalen Dilettantismus“ (vgl. Seibel 1992).

Fehlende betriebswirtschaftliche Effizienz von Werkstätten

Die schwache Professionalität des Managements in Werkstätten ist nach Seibel mitursächlich für die zweite chronische Leistungsschwäche von Werkstätten, ihre fehlende betriebswirtschaftliche Effektivität und Effizienz und die daraus resultierende Subventionsbedürftigkeit. Werkstätten sollten sich zumindest der Tendenz nach durch den Verkauf ihrer Produkte selbst finanzieren und den behinderten Mitarbeiterinnen und Mitarbeitern angemessene Arbeitsentgelte zahlen. Beides sei nicht der Fall. Weder erreiche die Eigenproduktion in den Werkstätten einen ausreichend hohen Anteil am Umsatz (Seibel bezog sich auf eine Studie von Ulli Arnold im Auftrag des damaligen Bundesministeriums für Arbeit und Sozialordnung, vgl. Arnold 1990), noch sei die Bezahlung der Menschen mit Behinderung ausreichend hoch. Ersetzt man die damaligen DM-Beträge, die Seibel unter Bezugnahme auf die Arnold-Studie aufführte, durch Euro-Beträge, landet man ziemlich genau bei den Entgelthöhen, die den behinderten Werkstattmitarbeitern gegenwärtig bezahlt werden.

Auch dieses zweite Merkmal einer chronischen Leistungsschwäche von Werkstätten vermittelt gewissermaßen ein Déjà-vu-Erlebnis. Vor Kurzem gab das Bundesministerium für Arbeit und Soziales eine wissenschaftliche Studie in Auftrag, die sich auf die Suche nach einem „transparenten, nachhaltigen und zukunftsfähigen Entgeltsystem für Menschen mit Behinderungen in Werkstätten für behinderte Menschen" begeben soll (ISG/infas 2021). Berücksichtigt man noch den Zusatz in der Auftragsformulierung der Studie, („und deren Perspektiven auf dem allgemeinen Arbeitsmarkt"), so ist festzustellen, dass sich auch nach dreißig Jahren weder die Thematisierung der Probleme einer chronischen Leistungsschwäche von Werkstätten noch vereinzelte politische Initiativen, diese

Probleme mittels wissenschaftlicher Expertise zu beheben, grundsätzlich geändert haben.

Die Suche nach einem neuen Entgeltsystem für Werkstätten scheint dabei durch ein eher zufälliges gesetzgeberisches Missgeschick ausgelöst worden zu sein. Dass die Erhöhung des Ausbildungsgeldes (§ 65 Abs. 5 SGB IX) automatisch eine Erhöhung des Grundbetrages für Werkstattbeschäftigte nach sich zieht (§ 221 Abs. 2 SGB IX), wurde, so ist zu vermuten, im Gestrüpp sozialgesetzlicher Regelungen seitens der politischen Entscheidungsträger schlicht übersehen.

Für viele Werkstätten führt die gesetzlich erzwungene Erhöhung der Lohnsumme ihrer Beschäftigten aber zu existenzgefährdenden finanziellen Problemen, die mit den üblichen betriebswirtschaftlichen Mitteln im Rahmen des bestehenden Werkstattrechts nicht gelöst werden können. Und ganz plötzlich steigen die bislang unter der Oberfläche gehaltenen, halbwegs tief versickerten Probleme des Werkstattsystems nach oben und verlangen nach Lösungen, die es, folgt man Wolfgang Seibel, im bestehenden Wirtschaftssystem der Bundesrepublik eigentlich gar nicht geben kann.

Die aktuelle politische Lösung für dieses Problem hat eher aufschiebende Wirkung (die Grundbetragserhöhung erfolgt bis zum Jahr 2023 in mehreren Stufen, § 241 Abs. 9 SGB IX) und stellt zugleich, getragen vom Prinzip Hoffnung, ein wissenschaftlich fundiertes Konzept in Aussicht.

2. Normverstöße

Bevor wir uns der Frage zuwenden, ob man bei der Feststellung eines funktionalen Dilettantismus verharren darf oder ob es weitergehende Begründungen für die chronische Leistungsschwäche von Werkstätten gibt, sollen die weiteren Quellen der Umstrittenheit von Werkstätten benannt werden.

Wolfgang Seibel betont zu Recht, dass sich die Leistungsbeurteilung von Organisationen nicht nur auf ihre Effizienz und ihre Effektivität beziehen kann. Verstöße gegen die positive Rechtsordnung oder auch gegen ethische Normen tragen in hohem Maße mit dazu bei, dass Organisationen umstritten sind. Nicht zuletzt die katholische und die evangelische Kirche und ihre pädagogischen Einrichtungen haben das in Bezug auf die dort vorgekommenen Missbrauchs- und Gewalttaten in den letzten Jahren zu spüren bekommen. Seibel verweist auf entsprechende Beispiele (Seibel 2020, 74).

Der Umgang mit und die Thematisierung von Gewalt stellen Organisationen, die personenbezogene Dienstleistungen erbringen, ganz grundsätzlich vor hohe Herausforderungen. Dabei dürfte das Diktum Jan Philipp Reemtsmas aus den 1990er-Jahren (vgl. Reemtsma 1996), wonach die Moderne vom Thema der Gewalt einerseits besessen sei, andererseits beträchtliche Formulierungsschwierigkeiten dabei habe, nach wie vor eine große Rolle spielen. Zwar besteht der Bedeutungskern von Gewalt in der physischen Zwangseinwirkung von Personen mit physischen Folgen für Personen (vgl. Neidhardt 1986, 123). Gleichwohl unterliegt die Betrachtung von Gewaltbegriffen einer unüberschaubaren, nicht abschließend systematisierbaren Vielfalt: „physische, psychische, strukturelle, kulturelle, legitime, legale, offene, verdeckte, stille, soziale, politische Gewalt, Gewalt gegen Personen, gegen Sachen“ (Liell 2002, 6–7).

Diese definitorische Unschärfe von Gewalt trifft in politischen Diskursen auf einen langfristigen gesellschaftlichen Sensibilisierungsprozess gegenüber Gewalt, der für eine stetig wachsende Aufmerksamkeit gegenüber vielgestaltigen Gewaltformen in der Gesellschaft sorgt. Die daraus resultierende unübersichtliche Gemengelage lässt ihrerseits Raum für Skandalisierung und für einen strategischen Einsatz des Gewaltbegriffes in sozialreformerischer Absicht. Diesen Raum mit rationaler Argumentation füllen zu wollen, erweist sich in der politischen Praxis als nahezu unmöglich. Ein Fallbeispiel aus jüngster Zeit soll das im Folgenden belegen.

Ein Fallbeispiel für die politische Reaktion auf Normverstöße

Werkstätten unterliegen spätestens seit der Wallraff-Berichterstattung im Jahr 2017 einer besonders intensiven Beobachtung von Politik und Öffentlichkeit. In einer Reportage über zwei Werkstätten in Nordrhein-Westfalen (NRW) im Rahmen der RTL-Fernsehsendung „Team Wallraff – Reporter undercover“ vom 20. Februar 2017 wurde Bildmaterial zu physischen und verbalen Übergriffen von Fachkräften gegenüber Werkstattbeschäftigten gezeigt, dessen suggestiver Kraft man sich nur schwer entziehen konnte.

Jedwede Argumentation gegen die Generalisierbarkeit von Aussagen, die mit der Methodik des investigativen Journalismus gewonnen wurde, zerschellte an der Wirkmächtigkeit von Fernsehbildern. Dabei soll hier die Kritik an den konkreten Einzelfällen, also an den mit versteckter Kamera aufgenommenen Übergriffen des Fachpersonals gegenüber Menschen mit Behinderung, keineswegs infrage gestellt werden – auch wenn sich bestimmte Szenen als nachträglich bearbeitete Bild-Ton-Montagen herausstellten, welche die tatsächlichen Vorfälle gerade nicht realitätsgetreu wiedergaben. Entscheidend für die Richtung der politischen Diskussion war aber die verallgemeinernde Schlussfolgerung, dass offensichtlich der Einrichtungstypus Werkstatt mitursächlich sei für die gezeigten Gewaltvorkommnisse.

Die Wallraff-Berichterstattung hatte zunächst keine unmittelbaren Auswirkungen auf das Werkstattsystem in Nordrhein-Westfalen, wenn man einmal von einer vom Land NRW initiierten Rahmenvereinbarung zum Gewaltschutz absieht, der die Werkstätten im Sinne einer Selbstverpflichtung beitreten können. Diese politische Zurückhaltung änderte sich aber schlagartig, als im Jahr 2021 im Wohnbereich eines großen Trägers der Eingliederungshilfe strafrechtliche Ermittlungen wegen Gewaltvorkommnissen und Verstößen bei der Anwendung von freiheitsbeschränkenden Maßnahmen einsetzten.

Die Landesregierung in NRW brachte daraufhin ein Gesetzesvorhaben auf den Weg, das in verschärften Qualitäts- und Gewaltschutzkontrollen gegenüber allen nordrhein-westfälischen Werkstätten durch die sogenannten WTG-Behörden des Landes münden wird (Gesetzentwurf der Landesregierung zur Änderung des Wohn- und Teilhabegesetzes [WTG] und des Ausführungsgesetzes zum SGB IX vom 29. Juni 2021). Etwas verklausuliert, in der Sache aber eindeutig auf die Wallraff-Berichterstattung zielend, wird in der Gesetzesbegründung vom 21. September 2021 auf „Vorkommnisse in der Vergangenheit" Bezug genommen, um den „Handlungsbedarf beim Gewaltschutz für Menschen mit Behinderung, die in Werkstätten für behinderte Menschen (WfbM) arbeiten", zu begründen. Der Gewaltvorfall aus dem Jahr 2021, der Auslöser für die Gesetzesinitiative war, ereignete sich ja gerade nicht im Werkstattbereich des Trägers.

Mit der neuen Zuständigkeit von WTG-Behörden für Gewaltschutzkontrollen in Werkstätten treten damit staatliche Instanzen neben die bislang zuständigen kommunalen Leistungsträger (in NRW die beiden Landschaftsverbände). Die dafür notwendigen personellen und finanziellen Ressourcen sind, ausweislich der Gesetzesvorlage, erheblich, werden durch die zu kontrollierenden Einrichtungen per Gebührenbescheid refinanziert und führen überdies zu einer Mehrfachkontrolle von Werkstätten, die der Bundesgesetzgeber in § 128 Abs. 1 Satz 3 SGB IX ausdrücklich als Problem markiert hat.

Ob sich die Aufrüstung von Prüfbehörden mit zusätzlichem Personal tatsächlich als ein wirksames Mittel für eine erfolgreiche Gewaltprävention und einen besseren Gewaltschutz für Menschen mit Behinderung in Einrichtungen der Eingliederungshilfe erweisen wird, mag dahingestellt bleiben. Die Tragik solcher Maßnahmen erweist sich oftmals erst im Rückblick, wenn deutlich wird, dass Menschen in Notlagen keine unmittelbare Hilfe erfuhren, sondern lediglich bürokratische Ordnungen aufrechterhalten und ausgebaut wurden. Eines wird immerhin deutlich: Politik reagiert im Falle umstrittener Organisationen relativ schnell und öffentlichkeitswirksam auf Normverstöße gegenüber Personen, die als „vulnerabel" wahrgenommen werden.

Das Theorem epistemischer Gewalt als Erklärung von Gewaltphänomenen?

Die oben angesprochene unübersichtliche Gemengelage aus definitorischer Unschärfe des Gewaltbegriffs bei gleichzeitig steigender gesellschaftlicher Sensibilisierung gegenüber scheinbar ubiquitären Gewaltphänomenen spiegelt sich auch in der sozialwissenschaftlichen und heilpädagogischen Literatur wider. In dem eingangs erwähnten Sammelband versuchen die beiden Herausgeber Greving und Scheibner in einem eigenen Beitrag, Werkstätten als Institutionen zu identifizieren, die Gewalt in indirekter Form, vermittelt über Sprache, ausüben (vgl. Greving/Scheibner 2021b).

Damit verbunden ist ein Zugriff auf das Theorem der epistemischen Gewalt, das in randständigen Bereichen der Soziologie Anwendung findet (vgl. Brunner 2020). Wenn Gewaltpraktiken eine sprachliche und diskursive Dauerpräsenz in Institutionen entfalten, ist einer physischen Gewaltausübung Tür und Tor geöffnet, so jedenfalls könnte die argumentative Herleitung auf der Grundlage eines epistemischen Gewaltbegriffs lauten. Eine Bezugnahme auf solche Ansätze impliziert kapitalismuskritische Positionen, die u.a. auf Elmar Altvaters „Dialektik der Ausbeutung" (vgl. Altvater 2014) rekurrieren, und setzt auf feministisch-postkoloniale Forschungsprogramme, die eurozentrische Formen der Rationalität in Frage stellen (vgl. z.B. Götsch/Menke 2021).

Die Rezeption solcher Autor/innen und Konzepte mag an einigen Fakultäten deutscher Hochschulen immer noch einen gewissen intellektuellen Erregungszustand erzeugen (vgl. z.B. die Rezension von Rohrmann 2021). Eine Anschlussfähigkeit für politische Gestaltungsoptionen im Sozialsystem der Bundesrepublik Deutschland ist hingegen so lange nicht erkennbar, wie die derzeitige Rechts- und Wirtschaftsverfassung dauerhaft aufrechterhalten werden soll. Festzuhalten bleibt gleichwohl, dass Normverstöße, z.B. in Form von physischen und psychischen Gewaltübergriffen, in Organisationen, die personenbezogene Dienstleistungen erbringen, eine wohl auch zukünftig nicht versiegende Quelle der Umstrittenheit dieser Organisationen darstellt.

3. Interessendivergenzen

Kommen wir zu den beiden letzten Quellen der Umstrittenheit von Organisationen, die Seibel nennt. Eine davon, die Interessendivergenzen, dürfte im Falle von Werkstätten für behinderte Menschen zu vernachlässigen sein. Dafür ist das Machtpotenzial dieser Organisationen schlicht zu gering.

Die Treuhandanstalt, die Seibel als Beispiel heranzieht (vgl. Seibel 2020, 72), galt und gilt deshalb als umstritten, weil sie massiv in die Lebenswelt der damaligen ostdeutschen Bevölkerung eingriff. Ob dieser Eingriff in einem angemessenen Verhältnis zu den wirtschaftlichen Risiken stand, die der Bund als neuer Eigentümer bei Übernahme eines weitgehend maroden Industriebesitzes eingegangen wäre, wird rückblickend unterschiedlich bewertet (vgl. Böick 2018). Dieses Fallbeispiel zeigt einmal mehr, dass die Umstrittenheit von Organisationen keineswegs nur auf die wirtschaftliche Dimension ihrer Existenz zurückzuführen ist. Denn fehlende Effizienz ihres Handelns konnte man den Managern der Treuhandanstalt gewiss nicht vorwerfen.

Über ein auch nur annähernd vergleichbares Machtpotenzial wie die damalige Treuhandanstalt verfügen Werkstätten nicht. Am ehesten könnte in diesem Zusammenhang die Interessendivergenz zwischen Unternehmen aus bestimmten Wirtschaftsbranchen (z.B. dem Garten- und Landschaftsbau) und den Werkstätten sein, die sich ebenfalls in diesen Branchen tummeln und im Wettbewerb mit diesen Unternehmen von ihren Umsatzsteuervorteilen bei der Rechnungsstellung (sieben statt 19 %) profitieren. In einem wirtschaftspolitischen Kontext ist das aber ein randständiges Phänomen, dessen Beitrag zur Umstrittenheit des Organisationskonzepts Werkstatt als gering einzustufen ist.

4. Affektbesetzung

Ganz anders verhält es sich mit der vierten und letzten Quelle der Umstrittenheit von Organisationen, die Seibel identifiziert. Wenn Organisationen affektbesetzt sind, richten sich Vorbehalte gegen sie, die wiederum wenig mit ökonomischen Kriterien, sondern mehr mit negativen Emotionen zu tun haben, wie sie z.B. in dem Gefühl der eigenen Ausgrenzung und Diskriminierung zum Ausdruck kommen.

Das Begriffspaar der *Inklusion/Exklusion* bringt diesen emotionalen Vorbehalt im Bereich der Eingliederungshilfe besonders in pädagogischen Diskussionszusammenhängen auf den Punkt. Talcott Parsons verstand Inklusion in den 1960er-Jahren noch als einen soziologischen Schlüsselbegriff der Moderne, mithilfe dessen er eine analytische Perspektive verband, die den Einbezug größerer Bevölkerungskreise (Parsons bezog sich auf die schwarze Bevölkerungsgruppe in den USA) in die Gesellschaft bei gleichzeitiger Ausdifferenzierung der sie prägenden Funktionssysteme auffasste (vgl. Parsons 1965). Bei Niklas Luhmann (2005) und gegenwärtig bei Armin Nassehi (2021) findet dieses soziologische Verständnis von Inklusion seine Fortsetzung (vgl. hierzu auch Wagner/Weber 2015). Gesellschaftliche Anerkennung im Sinne einer affektgeladenen Empathie, so könnte man Nassehis Position auf den Punkt bringen, ist nicht die Voraussetzung von Inklusion, sondern die nachholende Folge gelungener Inklusionsprozesse.

Damit diese Prozesse gelingen, bedarf es einer aufmerksamen Suche nach geeigneten gesellschaftlichen „Andockstellen", die der tatsächlichen Funktionsweise der Systeme entsprechen. Und das sind weder Affekte mehr oder weniger betroffener Individuen noch moralische Imperative, die aus Begriffen wie Inklusion abgeleitet werden könnten. Man muss schon die Bereitschaft zeigen, entlang der Logik des Rechts und der Ökonomie zu operieren, um Inklusionserfolge zu erzielen – darauf wird gleich noch zurückzukommen sein.

In der Pädagogik verläuft die Diskussion anders. Hier stehen die Probleme der Ausgrenzung von Menschen mit Behinderung ganz unmittelbar im Fokus, sei es in schulischen oder in beruflichen Zusammenhängen (vgl., allerdings kritisch distanziert, Ahrbeck 2017). Diese Problemwahrnehmung ist unmittelbar anschlussfähig an affektbesetzte Vorbehalte gegenüber Werkstätten, die zu einem großen Teil deren Umstrittenheit erklären. Fehlende Berücksichtigung bei der Auswahl für Positionen in der Arbeitswelt oder auch die Selektion von Schüler/innen nach Leistungsprinzip und eine daraus resultierende Zuweisung in ein gegliedertes Schulsystem sind ausschließende, exkludierende Prozesse, die zumindest bei den Betroffenen, und das sind ganz häufig Menschen mit Behinderung, negative Gefühle hervorrufen. Eine Gesellschaft, die Sondereinrichtungen schafft für all jene, die bestimmten Leistungsvorgaben nicht genügen, wird als ungerecht und als diskriminierend empfunden. Inklusion wird vor diesem Hintergrund zu einem normativen Begriff, der die Aufforderung enthält, Menschen mit Behinderung die notwendige Anerkennung zukommen zu lassen und ihnen den Zugang zu den relevanten Organisationen der Gesellschaft, sei es nun die Schule (für alle) oder der allgemeine Arbeitsmarkt, zu ermöglichen.

Dass eine „Sondereinrichtung" wie die Werkstatt für behinderte Menschen mit Einnahme einer solchen affektbesetzten Perspektive den Status der Umstrittenheit erreicht, ihr gar das Existenzrecht abgesprochen wird, ist die Konsequenz, die im Umfeld von Behindertenaktivistinnen und -aktivisten (vgl. z.B. die zahlreichen Beiträge von Raul Krauthausen in den sozialen Medien) und in bestimmten politischen Kreisen (z.B. im Falle der grünen Europa-Abgeordneten Katrin Langensiepen) gezogen wird.

Die komplizierte Rechtslage als Einfallstor für affektbesetzte Positionen gegenüber Werkstätten

Affektbesetzte Positionen sind umso stabiler und auch politisch einflussreicher, je unklarer die Rechtslage ist. Im Werkstattrecht öffnet insbesondere das komplizierte Ineinandergreifen internationaler und nationaler Rechtsetzung die Tür für Stellungnahmen, die sich durch eine unsystematische Durchmischung stark wertender politischer und rechtswissenschaftlicher Sichtweisen auszeichnen.

Ein anschauliches Beispiel für diese inhaltliche Konfusität liefert der Beitrag des Bundestagsabgeordneten Hubert Hüppe in dem bereits erwähnten Sammelband von Greving und Scheibner (vgl. Hüppe 2021). Es lohnt sich dennoch, kurz die komplizierte rechtliche Thematik auszuleuchten, auch weil sich hinter dieser Diskussion ein Lösungsweg verbirgt, wie die Intensität der Umstrittenheit der Institution Werkstatt künftig reduziert werden könnte.

In den angesprochenen Diskussionszusammenhängen erfolgt in der Regel die Bezugnahme auf eine juristische Auslegung bestimmter Passagen des Übereinkommens der Vereinten Nationen über die Rechte von Menschen mit Behinderungen (UN-Behindertenrechtskonvention [UN-BRK]), insbesondere die Artikel 26 und 27. In Artikel 27 Abs. 1 Satz 1 UN-BRK erkennen die Vertragsstaaten das gleiche Recht von Menschen mit Behinderung auf Arbeit an. Dies beinhaltet das Recht auf die *Möglichkeit,* den Lebensunterhalt durch Arbeit zu verdienen, die in einem offenen, integrativen und für Menschen mit Behinderungen zugänglichen Arbeitsmarkt frei gewählt und angenommen wird. In der rechtswissenschaftlichen Auslegung des Artikels 2 UN-BRK (vgl. ISG/infas 2021, 17, mit der dort angegebenen Literatur) herrscht weitgehend Einigkeit darüber, dass ein „Recht auf die Möglichkeit", auf dem allgemeinen Arbeitsmarkt tätig zu werden, keinen Anspruch auf einen *konkreten* Arbeitsplatz beinhaltet.

Diese Interpretation internationaler Rechtsetzung korrespondiert mit den Vorgaben des deutschen Grundgesetzes. Ein subjektives Recht auf Arbeit existiert in der deutschen Verfassung nicht. Ein solches Recht kann es auch nicht geben, weil es rechtlich und politisch nur im Rahmen einer zentralen Verwaltungswirtschaft durchsetzbar wäre, die ihrerseits als Wirtschaftsordnung mit dem deutschen Grundgesetz nicht vereinbar ist. Sie existierte in der untergegangenen Deutschen Demokratischen Republik (DDR), in deren Verfassung konsequenterweise auch das Recht auf Arbeit vorgesehen war (Art. 24 Abs. 1 Sätze 1 und 2 der Verfassung der DDR).

Ein Anspruchsrecht auf Arbeit geriete mit der persönlichen Freiheit von Personen in Konflikt. Jede/r, insbesondere jede/r Unternehmer/in, kann in unserer Rechts- und Wirtschaftsordnung grundsätzlich frei darüber entscheiden, mit welcher Person er oder sie wirtschaftliche Verbindungen eingeht. Wenn dieses Recht von einer zentralen Stelle im politischen System der Gesellschaft wahrgenommen würde (im Sinne einer zentralen Verwaltungswirtschaft), würde das tendenziell das Recht auf eine freie Berufswahl (Art. 12 GG) einschränken. Ein Anspruchsrecht auf Arbeit würde darüber hinaus auch die positiven Auswirkungen eines wettbewerbsorientierten Marktsystems unangemessen untergraben, weil für eine bestimmte Position nicht die besten Kandidatinnen und Kandidaten zum Zuge kommen würden.

Die daraus resultierende Praxis der Personalauswahl von Unternehmen des ersten Arbeitsmarktes läuft allerdings darauf hinaus, Menschen mit Behinderung nicht in ausreichendem Maße bei der Stellenbesetzung zu berücksichtigen. In der UN-Konvention wurde diese Problematik erkannt und in Artikel 26 thematisiert. Nach Artikel 26 Abs. 1 UN-BRK sind die Vertragsstaaten der Konvention, darunter auch Deutschland, gehalten, geeignete und wirksame Maßnahmen zu treffen, um Menschen mit Behinderung in die Lage zu versetzen, eine volle Teilhabe an Arbeit und Beschäftigung zu erhalten. Die in Artikel 26 UN-BRK deshalb eingeforderten Habilitations- und Rehabilitationsdienste und -programme, zu denen auch Werkstätten für behinderte Menschen gehören, finden sich im Übrigen auch in Artikel 27 Abs. 2 Satz 2 Buchstabe k UN-BRK. Damit sind Artikel 26 und 27 in einen Zusammenhang gestellt und bieten – entgegen bisweilen geäußerter anderslautender Vermutungen – die rechtliche Basis für die Existenz von Werkstätten für behinderte Menschen.

Die beiden juristischen Gutachter des unlängst erschienenen ersten Zwischenberichts zur Entgeltstudie in Werkstätten, Arnold Pracht und Felix Welti, weisen auf diesen Zusammenhang wie folgt hin:

> „Unter den gegenwärtigen Bedingungen des Arbeitsmarktes wird es für einen Teil der Menschen mit Behinderung nicht möglich sein, dort Fuß zu fassen. Es widerspräche dem Teilhabeziel der UN-BRK, wenn diese Menschen aufgrund der Abschaffung von geschützten Beschäftigungsverhältnissen (also von Werkstätten) mit dem Ziel einer Totalinklusion stattdessen in eine Totalexklusion geraten würden, da sie gar keine Möglichkeit der Teilhabe am Arbeitsleben hätten" (ISG/infas 2021, 20).

Auch wenn damit der häufig erhobene Vorwurf, deutsche Werkstätten stünden nicht im Einklang mit der UN-BRK, nicht haltbar erscheint, bleibt dennoch ein Problem, auf das Pracht und Welti in dem erwähnten Zwischenbericht zu Recht aufmerksam machen. Bekanntlich fehlt in Werkstätten die volle Geltung des Arbeitsrechts. Der Status eines arbeitnehmerähnlichen Rechtsverhältnisses von Werkstattbeschäftigten hat unter anderem zur Folge, dass das Mindestlohngesetz (MiLoG) nicht greift (§§ 1, 22 MiLoG) und auch keine Beiträge zur Arbeitslosenversicherung gezahlt werden (§ 28 Abs. 1 Nr. 2 SGB III).

Dieser sehr spezielle Rechtsstatus bietet zwar den Werkstattbeschäftigten eine Reihe von Vorteilen. Als voll erwerbsgeminderte Personen haben sie ein Recht auf einen Werkstattplatz, sie können nicht gekündigt oder abgemahnt werden und unterliegen auch keiner Leistungsverpflichtung, wie es sie auf dem allgemeinen Arbeitsmarkt gibt. Dennoch besteht, folgt man den Ausführungen von Pracht und Welti, die Gefahr, dass die Konstruktion eines arbeitnehmerähnlichen Rechtsverhältnisses gegen EU-Recht verstößt, insbesondere gegen das Diskriminierungsverbot, wie es in Artikel 10 des Vertrages über die Arbeitsweise der Europäischen Union (AEUV) festgehalten ist (vgl. ISG/infas 2021, 30).

Mit dem Vorwurf, Menschen mit Behinderung qua Werkstattbeschäftigung zu diskriminieren, sehen sich Werkstätten seit Längerem konfrontiert. Affektbesetzte Stellungnahmen von Werkstattkritikerinnen und -kritikern könnten zumindest in diesem Punkt eine Zustimmung aus dem Kreis ernstzunehmender Rechtswissenschaftler/innen erfahren. Das würde den Grad der Umstrittenheit der Institution Werkstatt weiter steigern. Wenn man Antworten auf diese Umstrittenheit finden möchte, muss man wahrscheinlich an dem Punkt des arbeitnehmerähnlichen Rechtsverhältnisses ansetzen. Davon wird im Folgenden noch die Rede sein.

II. Mögliche Antworten der Werkstätten

Kommen wir nun zu einigen Reaktionen von Organisationen als Antworten auf ihren Status der Umstrittenheit. Wolfgang Seibel betont zu Recht, dass es keinen regelmäßigen und vorhersagbaren Zusammenhang zwischen den vier genannten Quellen der Umstrittenheit (Leistungsschwäche, Normverstöße, Interessendivergenzen und Affektbesetzung) und den „Antworten der Organisation" gibt (vgl. Seibel 2020, 82). Diese empirisch-organisationswissenschaftliche Beobachtung einer „kontingenten Durchmischung" nehme ich zum Anlass, eine *normative Perspektive* einzunehmen. Was also sollten Werkstätten für behinderte Menschen tun, um die Intensität des Zustands ihrer Umstrittenheit zumindest zu reduzieren?

1. Nutzung etablierter Managementkonzepte

Im Falle der chronischen Leistungsschwäche sind, wie Seibel selbst vermerkt (Seibel 2020, 80), *leistungssteigernde Initiativen* das Mittel der Wahl. Im Bereich der Non-Profit-Organisationen haben viele Konzepte und Instrumente des ursprünglich noch für die Öffentliche Verwaltung vorgesehenen New Public Managements die Verbände und Einrichtungen der Freien Wohlfahrtspflege längst erreicht (vgl. Weber 2012, 308 ff.). Werkstätten haben dabei in besonderem Maße den Umgang mit Zielkonflikten zu bewältigen, die in dem Begriff des *Tripelmandats* zum Ausdruck kommen (vgl. Bendel et al. 2015, 25 ff.).

Dieser Begriff ist in der Sozialarbeitswissenschaft bereits belegt. Ausgehend von einer konfliktären Orientierung an den Interessen ihrer Klientinnen und Klienten einerseits und gesellschaftlichen Ordnungs- und Kontrollinteressen andererseits hat ein/e Sozialarbeiter/in auch noch ein drittes Mandat zu beachten. Silvia Staub-Bernasconi nennt in diesem Zusammenhang das der oder dem Sozialarbeiter/in eigene, wissenschaftlich und ethisch begründete Referenzsystem. Dieses dritte Mandat soll eine kritisch-reflexive Distanz sowohl gegenüber Adressat/innen und als auch gegenüber der Politik ermöglichen (vgl. Staub-Bernasconi 2018, 114).

Die Gutachter/innen der Friedrich-Ebert-Stiftung verwenden den Begriff des Tripelmandats anders und beziehen ihn auf das Wirtschafts-, Rehabilitations- und Inklusionshandeln von Werkstätten. In dem dadurch entstehenden Spannungsfeld wird das Management dieser Einrichtungen erschwert. Werkstätten sind in der Tat keine reinen Erwerbsbetriebe, weil nicht das wirtschaftliche Ergebnis der Werkstattleistung im Vordergrund steht, sondern die berufliche Entwicklung der Beschäftigten durch individuell angepasste Arbeit und arbeitsbegleitende Förder-, Bildungs- und Therapiemaßnahmen. Andererseits ist der wirtschaftliche Erfolg des Unternehmens Werkstatt für die Höhe der zu zahlenden Entgelte entscheidend. Werkstattbeschäftigte haben einen Anspruch darauf, dass das von ihnen erzielte Ergebnis aus der wirtschaftlichen Tätigkeit als Arbeitsentgelt an sie ausbezahlt wird – nicht weniger, aber eben auch nicht mehr. Das Rehabilitationshandeln und das Wirtschaftshandeln stehen also in einem Spannungsfeld zueinander. Das meinen Bendel et al. mit ihrem Hinweis, dass die

> „gesetzlich verankerte Forderung, ein möglichst breites Angebot an Arbeitsbereichen vorzuhalten, um den unterschiedlichen behinderungsbedingten Anforderungen der Beschäftigten zu entsprechen [...], im Kontrast [steht] zur wirtschaftlichen Führung eines i.d.R. hochspezialisierten Wirtschaftsunternehmens" mit seinen flexiblen Produktionsprozessen und seiner arbeitgeberfreundlicheren Personalpolitik (Bendel et al. 2015, 26).

Das Spannungsfeld erstreckt sich aber auch auf das Inklusionshandeln, also auf die Förderung des Übergangs der Beschäftigten auf den ersten Arbeitsmarkt. Damit ist der stets aufs Neue erhobene Vorwurf gegenüber Werkstätten verbunden, dass der Inklusionsauftrag seitens der Werkstätten schon deshalb nicht in aller Konsequenz betrieben werden könne, weil damit zum einen die quantitative Basis des Rehabilitationsauftrages erodiere und zum zweiten die Leistungsträger/innen aus den Einrichtungen abwanderten – zu Lasten des Wirtschaftlichkeitsauftrages der Werkstätten. Das wäre dann im Übrigen der endogene Erklärungsteil als Ergänzung für die eingangs anhand der Ausführungen Wolfgang Seibels festgestellten exogenen Ursachen für die geringe Übergangsquote von Werkstattbeschäftigten in den allgemeinen Arbeitsmarkt.

Das führt uns zu der Frage, wie Werkstätten sich in diesem Spannungsfeld der an sie adressierten Ziele verhalten sollten, um dem Vorwurf einer chronischen Leistungsschwäche zu entgehen. Werkstätten sind formale Organisationen, denen zur Bearbeitung von Zielkonflikten in einem strukturellen Sinne dieselben Instrumentarien zur Verfügung stehen, wie sie z.B. auch Organisationen der öffentlichen Verwaltung einsetzen. Was das Tripelmandat für die Werkstätten ist, ist das kommunikative Dreieck von Politik, Verwaltung und Bürgerinnen und Bürgern für die Organisationen der öffentlichen Verwaltung (vgl. Seibel 2016, 78 ff. und 116 ff.). Die Zielkonflikte sind inhaltlich andere. So müssen z.B. Kommunalverwaltungen den oftmals widerstreitenden Zielen der Ratspolitik von Parteien, der unterschiedlich stark organisierten Bürger/inneninteressen und der betriebswirtschaftlichen, durch Rechnungsprüfungsämter kontrollierten Vorgaben entsprechen. Die strukturellen Probleme – kurz gesagt: es letztlich niemandem Recht machen zu können – sind dieselben.

Um Auswege aus diesem Spannungsfeld widerstreitender Ziele zu finden, haben sich im Kontext des bereits erwähnten New Public Managements Strategieentwicklungs- und ausgefeilte Controlling- und Personalentwicklungskonzepte etabliert. Die besondere Herausforderung in Werkstätten besteht darin, die teilweise gegensätzlichen Professionskulturen der Technikerinnen und Handwerker, der Sozialpädagoginnen und der kaufmännisch ausgerichteten Berufe in Einklang zu bringen.

Aber auch die Gestaltung der Aufbauorganisation lässt sich je nach strategischer Ausrichtung des Sozialunternehmens Werkstatt sehr unterschiedlich handhaben. So kann z.B. eine Tandemlösung bei der Besetzung von Leitungspositionen (Technikerin und Sozialarbeiter) dazu beitragen, Zielkonflikte sozusagen im Alltag organisatorischen Handelns „kleinzuarbeiten". Umgekehrt kann die

Besetzung einer entsprechenden Leitungsposition mit einem oder einer industrieerfahrenen Manager/in das Produktionsergebnis und damit auch das Arbeitsentgelt der Beschäftigten nachhaltig steigern – was unter Umständen zu Konflikten mit den Sozialpädagoginnen und Sozialpädagogen des begleitenden Dienstes führen kann. Auch das Inklusionshandeln der Werkstatt kann durch die Etablierung eines auf Übergänge und Außenarbeitsplätze spezialisierten Fachbereichs gestärkt werden, weil die dort tätigen Fachkräfte von den Zwängen wirtschaftlicher Produktionsergebnisse „ihrer“ Gruppen entbunden sind.

Solche strategischen Ausrichtungen der Aufbauorganisation müssen durch entspreche Fachkonzepte auf der Ebene der Ablauforganisation und durch geeignete Personalauswahl- und -entwicklungskonzepte gestützt und unterlegt werden. All dies ist längst Alltag in Werkstätten, zugegebenermaßen in unterschiedlicher strategischer Ausrichtung und auch mit unterschiedlichem Erfolg, je nach relevanter Zielvorgabe. Im Umfeld von Werkstätten haben sich Beratungs- und Fortbildungsinstitutionen längst positioniert und unterstützen entsprechende Prozesse.

Es ist hier nicht der Ort, all diese Entwicklungen einer stärkeren Professionalisierung des Handelns von Werkstätten aufzuzeigen. Festzustellen ist, dass all dies vor dreißig Jahren, als Wolfgang Seibel die Diagnose einer funktionalen Unprofessionalität stellen konnte, noch nicht im Alltag der Organisationen angekommen war.

2. Diskussion des Themas „inklusiver Arbeitsmarkt"

Über den Erklärungsversuch Seibels mag also die Zeit hinweg gegangen sein. Und dennoch stehen Werkstätten auch gegenwärtig, nach über drei Jahrzehnten, ob der vermeintlich fehlenden Zielerreichung bei ihrem Übergangsmanagement und hinsichtlich ihrer wirtschaftlichen Leistungsfähigkeit in der Kritik. Die Vermutung liegt nahe, dass die entsprechenden Ziele im Rahmen der bestehenden Wirtschaftsordnung in Deutschland tatsächlich nicht zu erreichen sind. Auf diese politische Restriktion kann man werkstattseitig durch geeignete kommunikative Maßnahmen der Presse- und Öffentlichkeitsarbeit hinweisen – und greift damit auf das konventionelle Maßnahmenarsenal zurück, das auch Seibel aufzeigt (Seibel 2020, 83).

Allerdings wird dieser Versuch, in der politischen Kommunikation nach außen mit dem Vorwurf einer chronischen Leistungsschwäche umzugehen, durch eine bestimmte Ausrichtung der öffentlichen Diskussion erschwert. Die Problemwahrnehmung einer Unlösbarkeit bestimmter arbeitsmarktpolitischer Probleme entwickelt in Deutschland nämlich sehr häufig quasi-moralische Züge, die bereits in der Wahl der Begrifflichkeiten zum Ausdruck kommen. Wolfgang Seibel hat diese moralische Aufladung seiner Analysen übrigens stets vermieden.

Uwe Becker spricht hingegen von einer „Inklusionslüge", deren Ursprung auf die „Behinderung" bestimmter Bevölkerungsgruppen „im flexiblen Kapitalismus" zurückgeführt wird (vgl. Becker 2016; 2018). Den Beschleunigungsimperativen des kapitalistischen Wirtschaftssystems dürfe man sich nicht weiter fügen, so lautet Beckers Lösung der Probleme (vgl. Becker 2018, 7). Nur so könne man den Widerspruch, Inklusion in exkludierenden Instanzen zu betreiben, auflösen – Werkstätten sozusagen inklusive. Auch in dem bereits mehrfach benannten Sammelband von Greving und Scheibner kommt durchweg diese tiefe Sehnsucht oder, wie es Armin Nassehi (2012, 1) bezeichnet, dieser kleinbürgerliche Wunsch, zum Ausdruck, endlich in Resonanz mit einer gerechten, entschleunigten Welt zu kommen. Uwe Becker formuliert das um Längen besser als das Autorenteam um Greving und Scheibner. In der Sache bleibt aber in beiden Fällen nur ein wenig instruktives, politisch nicht anschlussfähiges, spätmarxistisches Andenken an Weltresonanz, wie es uns die Autoren der Frankfurter Schule seit jeher in Aussicht stellen (vgl. Rosa 2005; 2018).

Interessenvertreter/innen von Werkstätten für behinderte Menschen sollten trotz dieser offensichtlichen Konfusion bei der Auslegung von Begriffen wie „Inklusion" oder „inklusiver Arbeitsmarkt" nicht den Mut verlieren und daher auch nicht in dem Versuch nachlassen, Positionen zu formulieren, die rationaler politischer Argumentation zugänglich sind. Denn nur so ist es möglich, halbwegs realistische Ziele von Werkstattarbeit zu formulieren, die nicht schon qua Zielformulierung zur Diagnose einer chronischen Leistungsschwäche führen.

Ich starte im Folgenden diesen Versuch anhand von fünf aufeinander Bezug nehmenden Thesen und orientiere mich dabei an der Auslegung des Inklusionsbegriffs des Stuttgarter Sozialphilosophen Hauke Behrendt (vgl. Behrendt 2018).

- *These 1*: Es ist intuitiv falsch, Menschen aus sozialen Verhältnissen auszuschließen.

Aus dieser Intuition lässt sich auf das Ideal einer offenen und moralisch integren Gesellschaft schließen, die eine volle Verwirklichung gesellschaftlicher Teilhabe vorsieht. Daraus lässt sich die sozialethische Prämisse des Ideals einer inklusiven Arbeitswelt ableiten: „[...] dass jeder erwachsene Mensch effektiv am Berufsleben teilhaben soll, weil berufliche Teilhabe für den Status eines vollwertigen Gesellschaftsmitglieds entscheidend ist" (Behrendt 2018, 324).

- *These 2*: Es wäre allerdings voreilig, aus dieser Intuition den Schluss zu ziehen, dass Inklusion stets nur etwas Positives sei.

Inklusion ist kein dichter ethischer Begriff, dessen beschreibender, soziologisch-analytischer Teil immer mit einer positiven Bewertung einhergeht – genauso wie umgekehrt Exklusion nicht vorschnell mit nachteiligen Lebenslagen gleichzusetzen ist; der Inklusionsbegriff ist vielmehr *normativ abhängig*.

Soziale Inklusion ist kein Wert in sich. Es gibt Fälle schlechter Inklusion und das gleich in einem doppelten Sinne. Zum einen gehört z.B. die Mitgliedschaft in einer kriminellen Organisation dazu, und zwar auch dann, wenn der Mensch mit Behinderung sich dort subjektiv gut integriert fühlt. Zum anderen ist nicht jeder Zugang eines Menschen mit Behinderung in den ersten Arbeitsmarkt per se etwas Positives (im Sinne effektiver Inklusion), vor allem dann nicht, wenn der Mensch mit Behinderung in einem Unternehmen des ersten Arbeitsmarktes Ablehnung und Diskriminierung erfährt, sich im Betrieb deplatziert und als fünftes Rad am Wagen empfindet. Die Rückkehrquoten von Werkstattbeschäftigten aus dem ersten Arbeitsmarkt sind ein Beleg für dieses Phänomen einer misslungenen Inklusion.

Wenn wir von Inklusion reden, muss es also stets um eine *fundierte, werthaltige Teilhabe* gehen, nicht um größtmögliche Teilhabe überhaupt. Das Praxisfeld, in das inkludiert wird, muss bestimmten Anforderungen genügen – bei kriminellen Organisationen ist das offensichtlich nicht der Fall. Aber auch die Personen müssen

Anforderungen in gesellschaftlichen Praxisfeldern tatsächlich erfüllen, damit Inklusion in einem effektiven Sinne zustande kommt (vgl. Behrendt 2018, 189). Ein rein formaler Zugang zu Positionen reicht nicht aus. Der Wert von Inklusion realisiert sich nur in der Praxis, indem Personen Rollen ausüben und dabei den Anforderungen dieser Rolle gerecht werden.

In der Folge sind Inklusionsregeln, nach denen über den Zugang zu bestimmten Praxisfeldern in der Gesellschaft entschieden wird, einem permanenten Rechtfertigungszwang ausgesetzt. Sie dürfen nicht willkürlich diskriminieren, indem sie aufgrund von Vorurteilen voreilige und vor allem ungerechte Ausschlüsse produzieren. Sie dürfen aber auch nicht von den spezifischen Rollenanforderungen absehen, die in einem bestimmten Praxisfeld zu erfüllen sind. Sie müssen daher für die Ausgestaltung ihrer Auswahlprozesse transparente positionsadäquate Kriterien vorweisen.

Über eines muss man sich bei dieser rational klingenden Rechtfertigungsrhetorik natürlich im Klaren sein: Für viele Gesellschaftsmitglieder sind aufgrund dieser Auswahlmechanismen, die sehr oft lediglich auf die individuelle Leistungsfähigkeit abzielen, die Wege zu attraktiven beruflichen Karrieren versperrt. Organisationen, die in diesem gesellschaftlichen Umfeld personenbezogene Dienstleistungen erbringen, werden deshalb stets affektgeladenen Reaktionen ausgesetzt sein.

- *These 3*: Wenn also Inklusion nie ein ethischer Selbstwert, sondern immer von den besonderen Umständen des Praxisfeldes und dessen Rollenanforderungen abhängig ist, dann kann eine *ungleiche Verteilung* von einzelnen Positionen einer sozialen Ordnung *moralisch zulässig* sein.

Und zwar deshalb, weil damit die Situation aller Betroffenen langfristig verbessert wird. Es gibt also einerseits das Ideal einer inklusiven Arbeitswelt, wonach jeder erwachsene Mensch effektiv am Berufsleben teilhaben soll, weil berufliche Teilhabe für den Status eines gleichwertigen Gesellschaftsmitglieds entscheidend ist. Aber alle Menschen *als Gleiche* zu behandeln und dieses Teilhabeideal anzustreben, bedeutet andererseits nicht, dass alle Menschen *gleichbehandelt* werden sollten (vgl. Behrendt 2018, 243). Diese Einsicht ist tief in unsere Rechtsordnung und damit auch in die rechtliche Verfasstheit unserer Arbeitswelt eingeschrieben.

- *These 4*: Auf Arbeitsmärkten werden Positionen entsprechend der Eignung von Personen für die Erfüllung bestimmter Aufgaben besetzt, denn alles andere würde zu nicht hinnehmbaren Wohlstandsverlusten in der Gesellschaft führen und gleichzeitig eine ineffektive, nicht-gelingende Inklusion verursachen.

Allerdings ist diese Konstruktion eines inklusiven Arbeitsmarktes, wie wir sie in Deutschland haben, mit Nachteilen verbunden, mit Arbeitslosigkeit und teilweise fehlender Erwerbstätigkeit bestimmter Bevölkerungsgruppen. Diesen Problemen gilt es mithilfe staatlicher Hilfs- und Unterstützungsmaßnahmen entgegenzuwirken. Und genau hier liegt die *Existenzberechtigung von Werkstätten*. Sie tragen aufgrund ihrer rehabilitativen Programmatik dazu bei, dass Menschen mit Behinderung entweder auf die Arbeit auf dem allgemeinen Arbeitsmarkt vorbereitet werden oder Teilhabe am Arbeitsleben in diesen Einrichtungen erfahren können.

- *These 5*: Wenn von einem inklusiven Arbeitsmarkt die Rede ist, darf insbesondere der Personenkreis der Menschen mit schweren und mehrfachen Behinderungen nicht vergessen werden (vgl. Kaufmann/Walter 2019).

Leider geschieht genau dies in der gegenwärtigen Diskussion, weil das Zielkriterium der Übergänge auf den ersten Arbeitsmarkt eine viel zu hohe Aufmerksamkeit erzielt. Es überdeckt gewissermaßen die spezifischen Bedarfslagen von Menschen mit hohem Unterstützungsbedarf, für die der Übergang in ein sozialversicherungspflichtiges Beschäftigungsverhältnis auf dem ersten Arbeitsmarkt schlicht und ergreifend unrealistisch ist.

Bekanntlich ist der Zugang zu Werkstätten abhängig von der Frage, ob und inwieweit ein Mensch mit Behinderung ein Mindestmaß an wirtschaftlich verwertbarer Arbeit erbringen kann (§ 219 Abs. 2 Satz 1 SGB IX). Für Menschen mit Behinderung, denen diese Fähigkeit nicht zugerechnet wird, verbleibt lediglich die Option auf eine Mitgliedschaft in einer Tagesförderstätte – ohne Zugang zu einem Arbeitsentgelt und zu Rentenzahlungen. Das Kriterium der Werkstattfähigkeit, also ein Mindestmaß an wirtschaftlich verwertbarer Arbeitsleistung erbringen zu können, wird in den einzelnen Bundesländern unterschiedlich ausgelegt.

Ein Spezifikum bildet hier der sogenannte NRW-Weg, weil im Bundesland Nordrhein-Westfalen keine Tagesförderstätten existieren und Menschen mit hohem Unterstützungsbedarf Zugang zum Berufsbildungsbereich und zum Arbeitsbereich einer Werkstatt erhalten. NRW bildet hier aber die Ausnahme. In allen anderen Bundesländern ist diese Hürde gesetzt, und zwar sowohl für den Bildungsbereich (mit dem Kostenträger Bundesagentur für Arbeit) als auch für den Arbeitsbereich (kommunale Kostenträger der Eingliederungshilfe).

Es gehört gewiss nicht zu den Sternstunden der sozialpolitischen Gesetzgebung in Deutschland, dass mit Verabschiedung des Bundesteilhabegesetzes im Jahr 2016 an diesem Aufnahmekriterium im Kern festgehalten wurde. An dieser Einschätzung ändert auch der neu gestaltete Absatz 3 des Paragraphen 219 SGB IX nichts, in dem davon die Rede ist, dass die Betreuung und Förderung von behinderten Menschen, die die Voraussetzung für eine Beschäftigung in einer Werkstatt nicht erfüllen, in Einrichtungen oder Gruppen, die der Werkstatt angegliedert sind, erfolgen kann, gegebenenfalls auch gemeinsam mit den Werkstattbeschäftigten in der Werkstatt.

An dem fehlenden Werkstattstatus dieser Menschen, also dem Wegfall einer Vergütung und dem Wegfall von Rentenzahlungen, ändert sich nämlich nichts. Räumliche Nähe garantiert nun einmal keinen Zugang zu rechtlichen und ökonomischen Ressourcen. Es sollte den politischen Entscheidungsträgerinnen und -trägern im Bundestag zu denken geben, dass das Kriterium der Werkstattfähigkeit in § 219 Abs. 2 SGB IX auch in dem bereits angesprochenen juristischen Gutachten von Felix Welti und Arnold Pracht kritisch im Hinblick auf die Geltung des Artikels 27 UN-BRK bewertet wird (vgl. ISG/infas 2021, 19).

Die Auseinandersetzung mit den Anforderungen eines „inklusiven Arbeitsmarktes“ und der Rolle, die Werkstätten für die Erreichung des Ideals einer inklusiven Arbeitswelt spielen können, hat demnach eine wichtige Funktion. Sie relativiert die Aussagekraft der Übergangsquote für die Beurteilung der Leistungsfähigkeit von Werkstattarbeit. Damit kann dem Vorwurf einer chronischen Leistungsschwäche von Werkstätten entgegengetreten werden.

Zugleich öffnet sich der Blick auf alternative Beurteilungskriterien für die Leistungsfähigkeit der Institution Werkstatt, die z.B. die subjektiv empfundene Zufriedenheit und die Lebensqualität behinderter Menschen berücksichtigt (vgl. Boecker/Weber 2021), und zwar auch der Gruppe von Personen, deren physische und psychische Einschränkungen sehr weitgehend sind. Diese Beschäftigtengruppe muss sichtbar gemacht werden, damit sie auch auf dem Radar all derer auftauchen, die Menschen mit Behinderung in Arbeitszusammenhängen vor allem als Verfügungsmasse für die Beseitigung des gesellschaftlichen Fachkräftemangels betrachten.

3. Diskussion einer Reform des Entgeltsystems

Kommen wir auf den zweiten Aspekt einer chronischen Leistungsschwäche zu sprechen, den Wolfgang Seibel vor mehr als dreißig Jahren konstatiert hat und der Werkstätten bis heute von ihren Kritikerinnen und Kritikern vorgehalten wird: die vermeintliche wirtschaftliche Schwäche der Einrichtung mit der Folge zu geringer Entlohnung der Beschäftigten. Auch hier können, ähnlich wie bei der Übergangsquote, die schlichten Zahlen im negativen Sinne beeindrucken.

Laut der Statistik der Bundesarbeitsgemeinschaft Werkstätten für behinderte Menschen (BAG WfbM) beliefen sich die durchschnittlichen monatlichen Arbeitsentgelte in den Jahren 2018 bis 2020 auf 215,– €, in einer Spanne von 116,– € (Sachsen) bis 256,– € (Bayern).[1] Darin jeweils eingerechnet ist bereits das Arbeitsförderungsgeld in Höhe von monatlich 52,– €, mit dem die zuständigen kommunalen Kostenträger die Arbeitsentgelte subventionieren. Das verbleibende Entgelt setzt sich aus einem Grundbetrag (bis zum Jahr 2023 aufwachsend auf 119,– €) und einem leistungsbezogenen Steigerungsbetrag zusammen.

Auch bei diesem Merkmal einer chronischen Leistungsschwäche von Werkstätten könnte man es sich im Umgang mit der Kritik einfach machen und auf Grenzen des ökonomisch-betriebswirtschaftlich Machbaren verweisen. Das wäre die defensive und wohl auch wenig erfolgversprechende Variante, die Werkstätten im Umgang mit dem Problem ihrer Umstrittenheit wählen könnten. Wenig Erfolg verspricht diese Variante schon deshalb, weil das Entgeltsystem der Werkstätten breite Angriffsflächen für Skandalisierungsstrategien bietet. Die simple Berechnung eines Stun-

1 Diese und weitere Informationen sind auf www.bagwfbm.de unter Download/Statistik abrufbar (6. April 2022).

denlohnes auf Basis der genannten monatlichen Vergütung ergibt einen in der Tat geringen Betrag, mit dem Behindertenaktivistinnen und -aktivisten und Werkstattkritiker/innen gern das System als solches ad absurdum führen. Gegenüber einer nicht immer an differenzierten Stellungnahmen interessierten Öffentlichkeit wird dabei aber in aller Regel verschwiegen, dass Menschen mit Behinderung wie jede/r andere Bürger/in Anspruch auf zusätzliche existenzsichernde Leistungen des Staates haben und somit grundsätzlich über ein existenzsicherndes Einkommen verfügen.

Nun hat sich im vorliegenden Fall für die Werkstätten aber ein günstiges Zeitfenster geöffnet, von dem bereits die Rede war. Am 4. Juni 2019 brachten die damaligen Regierungsfraktionen SPD und CDU/CSU einen Entschließungsantrag im Deutschen Bundestag ein, wonach

> „innerhalb von vier Jahren unter Beteiligung der Werkstatträte, der Bundesarbeitsgemeinschaft Werkstätten für behinderte Menschen (WfbM), der Wissenschaft und weiterer maßgeblicher Akteure zu prüfen [ist], wie ein transparentes, nachhaltiges und zukunftsfähiges Entgeltsystem entwickelt werden kann“ (Deutscher Bundestag, Drucksache 19/10715, 2).

Das zuständige Ministerium entschloss sich daraufhin, das Vorhaben wissenschaftlich begleiten zu lassen, ein Forschungsprojekt auszuschreiben und eine Steuerungsgruppe einzurichten. Die im Anschluss an die öffentliche Ausschreibung beauftragten Institute (Institut für Sozialforschung und Gesellschaftspolitik [ISG]/Institut für angewandte Sozialwissenschaft [infas]) stellten im August 2020 ein Untersuchungskonzept vor, das neben einer rechtswissenschaftlichen Analyse – von der bereits im vorliegenden Text die Rede war – auch eine finanzielle Analyse des Einkommens von

WfbM-Beschäftigten sowie eine Befragung von Werkstattleitungen und Werkstattbeschäftigten vorsieht. In der Steuerungsgruppe zu diesem Projekt ist auch die BAG WfbM vertreten, sodass grundsätzlich die Möglichkeit für die Werkstätten besteht, sich mit eigenen Ideen und Vorstellungen in die politische Diskussion einzubringen. Die Vorlage des Abschlussberichts der beauftragten Institute ist für Ende 2023 geplant.

Ich möchte im Folgenden drei Fragekomplexe ansprechen, die für die Entgeltdiskussion eine Rolle spielen sollten. Es geht dabei um juristische, ökonomische und fachlich-rehabilitative Themen, deren Behandlung an das erinnern, was Armin Nassehi als die relevanten Andockstellen für gesellschaftlichen Wandel bezeichnet hat. Um diesen Punkt noch einmal in Erinnerung zu rufen: Wenn es um Inklusionserfolge gehen soll, also um die gelingende Teilhabe von Menschen mit Behinderung, sind Affekte und moralische Imperative wenig hilfreich, die Orientierung an den Logiken des Rechts und der Ökonomie dafür umso mehr.[2]

3.1 Juristischer Ansatz: arbeitnehmerähnliches Rechtsverhältnis

Wenn es tatsächlich juristisch problematisch ist, die Rechtsfigur eines arbeitnehmerähnlichen Rechtsverhältnisses als Voraussetzung für eine Beschäftigung in einer Werkstatt für behinderte Menschen aufrechtzuerhalten (vgl. ISG/infas 2021, 36), sollte an genau die-

2 Die nachstehenden Überlegungen resultieren zum großen Teil aus internen Beratungen und Diskussionen, die in diversen Arbeitsgruppen und Gremiensitzungen (Vorstand, Präsidium und Delegiertenversammlung) der BAG WfbM stattgefunden haben, so z.B. dem Arbeitskreis Wirtschaft, Arbeitswelten, Marketing (AK WAM) und den Arbeitskreisen Entgelt & Einkommen sowie Werkstättenverordnung (AK WVO). Zum Zeitpunkt der Veröffentlichung des vorliegenden Textes liegen noch keine zitierfähigen Publikationen der BAG-WfbM-Gremien- und Arbeitsgruppen vor. Der Diskussionsprozess dauert also noch an, hat aber bereits eine eindeutige, im Folgenden dargestellte Zielrichtung.

ser Stelle eine veränderte Rechtslage geschaffen werden. Werkstattbeschäftigte hätten demzufolge einen Arbeitnehmerstatus, der dem des allgemeinen Arbeitsmarktes weitgehend entspricht. Die beiden juristischen Gutachter des ersten Zwischenberichts zur Entgeltreform weisen darauf hin, dass das allgemeine Diskriminierungsverbot sich zum einen aus europarechtlichen Vorgaben ergibt (Art. 3 Abs. 3 UA 2 Vertrag über die Europäische Union [EUV], Art. 10 AEUV, Art. 19 Abs. 1 AEUV) und zum anderen auch aus Art. 5 Abs. 1 und 2 UN-BRK ableitbar ist. Den Bezug zu Werkstätten stellen sie wie folgt her:

> „Diese Vorgaben sind insbesondere bei der Ausgestaltung von geschützten Beschäftigungsverhältnissen zu beachten, die nach den Vorgaben der UN-BRK so weit wie möglich am ersten Arbeitsmarkt ausgerichtet werden sollen [...]. Die fehlende volle Geltung des Arbeitsrechts sowie die besondere sozialversicherungsrechtliche Stellung der Beschäftigten in der WfbM (die Beschäftigten sind nicht in die Arbeitslosenversicherung einbezogen (§ 28 Abs. 1 Nr. 2 SGB III) und befinden sich überwiegend in einem arbeitnehmerähnlichen Rechtsverhältnis, für welches zwar arbeitsrechtliche Schutzvorschriften gelten, jedoch keine Geltung des Mindestlohngesetzes angenommen wird (§§ 1, 22 MiLoG))[...] könnten eine Diskriminierung darstellen [...]" (ISG/Infas 2021, 21).

Aus diesen Ausführungen kann und sollte man die Schlussfolgerung ziehen, dass es weder Menschen mit Behinderung noch Werkstätten als ihren Arbeitgeberinnen zuzumuten ist, mit dem Makel einer unter Umständen (europa-)rechtswidrigen, weil gegen das Diskriminierungsverbot verstoßenden Rechtsfigur (arbeitnehmerähnliches Rechtsverhältnis) zu operieren. In der Konsequenz hieße das, dass Werkstattbeschäftigte Arbeitnehmer/innen sind, deren Gesamteinkommen mindestens die Höhe des Mindestlohnes erreicht.

Dem Diskriminierungsvorwurf in seiner affektbeladenen Variante würde damit die Spitze genommen, weil er rechtlich ins Leere laufen würde. Es bleiben bei dieser juristischen Lösung allerdings zwei Fragen offen: Wie ist es um die Finanzierbarkeit dieses Vorschlags bestellt und was geschieht mit den Schutzrechten, von denen Menschen mit Behinderung aufgrund ihres Werkstattstatus bis dato profitieren können?

3.2 Ökonomischer Ansatz: Transparenz der Finanzströme

Mindestlöhne wurden und werden in den Werkstätten unter den gegebenen ökonomischen Bedingungen in Deutschland nicht erwirtschaftet. Deshalb drängt sich die Frage auf, wer das alles bezahlen soll. Wir kommen damit zur zweiten relevanten „Andockstelle" für Inklusionsfragen aller Art, dem Wirtschaftssystem und seinen Organisationen.

Man kann sich dieser Frage in einem ersten Schritt annähern, indem man zunächst konstatiert, dass das Einkommen von Menschen mit Behinderung in Werkstätten weit höher ist als das gezahlte Entgelt. Die einzelnen Finanzströme (z.B. Grundsicherung, Arbeitsförderungsgeld, Werkstattentgelt, Zahlung der Sozialversicherungsbeiträge) laufen in der Addition auf einen Betrag hinaus, der sich in der Höhe nicht wesentlich von Mindestlohnzahlungen auf dem allgemeinen Arbeitsmarkt unterscheidet. Eine Musterrechnung, die die BAG WfbM im Jahr 2018 angestellt hat, macht deutlich, dass ein/e Werkstattbeschäftigte/r mit Grundsicherung bei einem monatlichen Bruttoeinkommen von 1.502,– € landet (Einkommen plus Einzahlung in die Sozialversicherung), während die Beschäftigung auf dem ersten Arbeitsmarkt zu Mindestlohnbedingungen (unter Zugrundlegung einer 35-Stunden-Woche) ein Vergleichsbrutto von 1.514,– € erbringt.[3] Einschränkend ist an dieser Stelle anzumerken, dass die Mindestlohnvergütung im Jahr 2022 stärker ansteigen wird als die Grundsicherung, was den Vergleich ab diesem Zeitpunkt zugegebenermaßen erschwert.

Das eigentliche Problem besteht aber in der *Intransparenz* dieser Finanzströme, zu der der Sozialgesetzgeber in den letzten Jahrzehnten seinen bürokratiefördernden Beitrag geleistet hat (vgl. Kaltenborn 2020) und die ein steter Quell für affektgeladene Interpretationen bildet. Käme es zu einer Auszahlung der einzelnen Komponenten „aus einer Hand", wäre das Mindestlohngebot zwar nicht automatisch im rechtlichen Sinne erfüllt (der Status des arbeitnehmerähnlichen Rechtsverhältnisses könnte durchaus beibehalten bleiben), wohl aber im finanziellen Sinne. Zumindest würden die diversen Finanzströme zusammenlaufen und auf dem monatlichen Lohnzettel des oder der Werkstattbeschäftigen saldiert aufgeführt.

Es würde bei einer solchen Lösung allerdings sehr darauf ankommen, wie mit dem Grundsicherungsbedarf von Menschen mit Behinderung und der darauf bezogenen sozialhilferechtlichen Anspruchsprüfung umgegangen würde. In der gegenwärtigen Situation ist die weit überwiegende Zahl der Werkstattbeschäftigten, die täglich zur Arbeit gehen, auf Sozialhilfe als Unterstützungsleistung verwiesen. Sie sind damit in eine Bittstellerposition gedrängt, die eine Ursache für negative Affekte ist. Es müsste deshalb ein Verfahren ersonnen werden, das sich an einem pauschalierten, einheitlichen Betrag ausrichtet, der sich seinerseits am Grundsicherungsbedarf orientiert. Nur so kann es zu einer Verbesserung der Einkommenssituation aller Werkstattbeschäftigten kommen,

3 Nachzulesen auf www.bagwfbm.de unter Publikationen/Die Entgelt- und Einkommenssituation von Werkstattbeschäftigten (6. April 2022).

auch derer, die derzeit keine Grundsicherung und keine Rente beziehen.

Für die Umsetzung einer solchen Regelung, insbesondere für die Abschätzung ihrer finanziellen Dimension tut sich leider eine nicht unerheblich große Informationslücke auf. Bei ca. 25 % der Werkstattbeschäftigten im Arbeitsbereich ist nämlich unklar, woraus sie eigentlich ihren Lebensunterhalt bestreiten, da sie weder Renten- noch Grundsicherungsempfänger sind (Kaltenborn 2020, 163 f.). Wenn also die Lösung der Einkommensfrage für Menschen mit Behinderung, die in Werkstätten tätig sind, darauf hinausliefe, das monatliche Einkommen „wie aus einer Hand" zu zahlen, wären zuvor noch schwierige rechtliche (Umgang mit der im Sozialhilferecht verankerten Grundsicherung) und faktische Fragen (Ermittlung des Anteils von Grundsicherungsempfängerinnen und -empfängern an den Werkstattbeschäftigten) zu beantworten. Die bislang vorliegenden ökonomischen Analysen im Rahmen des Forschungshabens zum neuen Entgeltsystem weisen an diesem Punkt noch eine Leerstelle auf (vgl. Kaltenborn 2021, 6).

Eines hingegen steht fest: Wie auch immer der rechtliche Status von Werkstattbeschäftigten ausgestaltet wird (ggf. Abschaffung des arbeitnehmerähnlichen Rechtsverhältnisses) und wie auch immer die bereits jetzt vorhandenen Einkommensbestandteile für Werkstattmitarbeiter zusammengeführt und wie aus einer Hand ausgezahlt werden – an der Notwendigkeit, den Werkstattlohn auch künftig, unter möglichst transparenteren Bedingungen, zu *subventionieren,* wird sich nichts ändern. Zum angemessenen Umgang mit gesellschaftlichen Andockstellen, hier dem Wirtschafts- und dem Rechtssystem der Gesellschaft, gehört eben auch ein Realitätsbewusstsein für die Möglichkeiten und Grenzen erfolgreicher betriebswirtschaftlicher Aktivitäten und die ideologiefreie Sicht auf die freiheitlich-soziale Verfasstheit unseres Wirtschaftssystems.

Die Subventionierungsbereitschaft der öffentlichen Hand bleibt in jedem Falle eine politische und damit offene Frage, an der sich die Umsetzbarkeit der angesprochenen Lösungsvorschläge entscheiden wird.

3.3 Rehabilitativer Ansatz: flexible Strategien

Offen ist eine weitere Frage: Wie sollten Werkstätten mit der stets vorhandenen und nicht mit Recht und Geld zu beseitigenden *Schutzbedürftigkeit ihrer Beschäftigten* umgehen? Die Frage ist deshalb naheliegend, weil mit der Aufhebung eines arbeitnehmerähnlichen Rechtsverhältnisses auch die besonderen Schutzrechte der Werkstattbeschäftigten in den Blick geraten. Der Rechtsanspruch auf Teilhabe am Arbeitsleben, der besondere Kündigungsschutz, spezielle Arbeitszeitregelungen, die Verantwortlichkeit des Arbeitgebers für den Arbeitsweg der/des Beschäftigten in die Werkstatt oder spezielle Regelungen im Rentenrecht sind nur einige dieser Schutzrechte.

Bisweilen werden diese „Privilegien“ als Fehlanreize gedeutet, damit Menschen mit Behinderung an die Institution Werkstatt gebunden werden. Dabei wird übersehen, dass auch für schwerbehinderte Menschen, die in sozialversicherungspflichtigen Arbeitsverhältnissen auf dem ersten Arbeitsmarkt tätig sind, vergleichbare Schutzrechte gelten. Hinzu kommt, dass auch in den Regelungen des Budgets für Arbeit (§ 61 SGB IX) von der Fiktion des erwerbsgeminderten Arbeitnehmers ausgegangen wird, was Einfluss auf den Kündigungsschutz und die arbeitsrechtliche Leistungspflicht des Menschen mit Behinderung hat. Das Budget für Arbeit fungiert im Neunten Sozialgesetzbuch als Alternative zu Werkstätten für behinderte Menschen und beinhaltet einen Lohnkostenzuschuss (bis zu 75 % des regelmäßigen Arbeitsentgelts, höchstens jedoch 1.316,– €) sowie eine persönliche Assistenz für Menschen mit Behinderung (Anleitung und Begleitung am Arbeitsplatz).

Es ist also naheliegend und vor allem auch sozialpolitisch sinnvoll, den Arbeitnehmerstatus von Werkstattbeschäftigten in einen direkten Zusammenhang mit einem weiterhin bestehenden Anspruch auf Leistungen zur Teilhabe am Arbeitsleben zu stellen. Denkbar wäre es also, das arbeitnehmerähnliche Rechtsverhältnis aufzuheben, weil es im europa- und völkerrechtlichen Sinne gegen das Diskriminierungsverbot verstößt, es durch einen „normalen" (sozialversicherungspflichtigen) Arbeitnehmerstatus zu ersetzen und *gleichzeitig* an Schutzrechten für Menschen mit Behinderung auf einem dann erweiterten, inklusiven Arbeitsmarkt festzuhalten.

Eine solche Lösung kann aber nur Legitimität beanspruchen, wenn der Arbeitnehmerstatus und der Teilhabeanspruch unabhängig von einer Institution gelten. Die mögliche Lösung für eine Entgeltreform, Arbeitnehmerstatus mit Teilhabeanspruch, würde daher die Werkstätten mit der nachvollziehbaren Forderung konfrontieren, ihr institutionelles Gewand abzulegen und vermeintliche Selbsterhaltungsinteressen hintanzustellen. Dem Wunsch- und Wahlrecht von Menschen mit Behinderung folgend (§ 8 SGB IX), wären die Inhalte eines Teilhabeanspruchs personenzentriert einsetzbar, also beispielweise in einem Inklusionsbetrieb (§ 215 SGB IX), bei einem anderen Leistungsanbieter (§ 60 SGB IX), im Rahmen des Budgets für Arbeit (§ 61 SGB IX) oder eben in Werkstätten für behinderte Menschen.

Nicht wenige Träger setzen diese Gestaltungsalternativen bereits ein, was ihre Angebotsvielfalt und damit ihre Attraktivität als im Wettbewerb befindliche sozialwirtschaftliche Unternehmen stärkt. In der Kommunikation nach außen kann diese Ausrichtung als flexible Strategie der Institution Werkstatt gesehen werden, nicht auf Selbsterhalt, sondern auf die Wahl geeigneter organisatorischer Alternativen zum (rehabilitativen) Nutzen von Menschen mit Behinderung zu setzen.

Die politisch angezielte Reform des Entgeltsystems in Werkstätten ist bei aller Komplexität der damit verbundenen Fragen (Recht, Ökonomie, Rehabilitation und Schutzrechte) aus Werkstattsicht wahrscheinlich die beste Gelegenheit seit Jahrzehnten, viele Fragen ihrer Umstrittenheit angemessen zu thematisieren und gleichzeitig praktikable Lösungsvorschläge in die politische Diskussion einzubringen. Neben den aufgezeigten schwierigen Sachfragen sind für eine angemessene Positionierung stets auch verbandspolitische Aspekte zu beachten.

In den vorliegenden Ausführungen ist immer wieder deutlich geworden, wie unterschiedlich die Werkstattlandschaft in Deutschland strukturiert ist. Dies betrifft insbesondere die wirtschaftliche Leistungskraft, die in unterschiedlich hohen Arbeitsergebnissen und daraus resultierenden Entgeltzahlungen für Beschäftigte zum Ausdruck kommt. Auch der Umgang mit der Personengruppe der Menschen mit hohem Unterstützungsbedarf ist, wie bereits erwähnt, nicht bundeseinheitlich geregelt. Es liegt daher auf der Hand, dass nordrhein-westfälische Werkstätten, die auch schwermehrfachbehinderten Menschen den Werkstattstatus ermöglichen, die Risiken des Wegfalls eines arbeitnehmerähnlichen Rechtsverhältnisses anders bewerten als Werkstätten in wirtschaftlich vergleichsweise starken südlichen Bundesländern. Eine verbandspolitische Positionierung muss deshalb darauf bedacht sein, einen Lösungskorridor aufzuzeigen und sich nicht unbedingt auf eine einzige Lösung zu kaprizieren.

Eines dürfte klar sein: Eine konservative Position, die alle Strukturen des Werkstattsystems bestehen lassen möchte und nur darauf hofft, dass die wirtschaftlichen Folgen der Grundbetragserhöhung von allen Werkstätten „irgendwie“ aufgefangen werden können, dürfte wenig erfolgversprechend sein. Die Aufhebung des arbeitnehmerähnlichen Rechtsverhältnisses und die Zahlung eines Mindestlohnes kommen hingegen einer sehr weitreichenden Strukturänderung nahe. Einer derart „fortschrittlichen“ Lösung sollte zumindest ein weiterer alternativer Vorschlag an die Seite gestellt werden, der vorsieht, die vorhandenen Einkommensarten, inklusive der Grundsicherung, werkstattseitig aus einer Hand auszuzahlen. In beiden Fällen würden die Werkstätten deutlich machen, dass auch sie die materielle Vergütung ihrer Beschäftigten nachhaltig verbessern möchten.

Das Aufzeigen dieses Lösungskorridors darf am Ende nicht darüber hinwegtäuschen, dass es nicht der Wirtschaftskraft der Werkstätten überlassen werden darf, ihre Beschäftigten nach Mindestlohn zu vergüten. Ohne die Subventionierung großer Teile des Werkstatteinkommens der Beschäftigten aus öffentlichen Kassen wird es keine nachhaltige Reform des Entgeltsystems geben können.

4. Normverstöße als permanentes Risiko erkennen und bekämpfen

Bleibt noch der Umgang mit dem Vorwurf der Normverstöße und der daraus resultierenden Umstrittenheit. Man wird hier keine spezifischen, auf Werkstätten bezogenen Quellen der Umstrittenheit und auch keine spezifischen „Antworten" festmachen können. Das Theorem einer den Werkstätten inhärenten epistemischen Gewalt mag die Fantasie einer bestimmten Gruppe von Soziologinnen und Soziologen beflügeln, mehr aber auch nicht. Verstöße gegen die positive Rechtsordnung, sei es nun in Form von Untreue korrupter Geschäftsführungen (§ 266 Strafgesetzbuch [StGB]) oder in Form gewaltsamer Übergriffe des Einrichtungspersonals gegenüber den Klientinnen und Klienten, sind kein Spezifikum von Werkstätten. Das gilt insbesondere für alle Formen der Untreue, die mit großer Regelmäßigkeit auch in Unternehmen der privaten Wirtschaft und in der öffentlichen Verwaltung vorkommen.

An der Schwere der damit verbundenen Vergehen, an dem Leid, das hilfebedürftigen Menschen im Falle gewaltsamer Übergriffe zugefügt wird, und an dem Totalschaden, der für das Image einer sozialen Organisation entstehen kann, ändert diese Feststellung natürlich nichts. Die Strategien von Werkstätten müssen daher darauf abzielen, Normverstöße besonders gegenüber Menschen mit Behinderung sowohl präventiv als auch reaktiv konsequent in den Blick zu nehmen bzw. streng zu ahnden und das eigene Qualitätsmanagement entsprechend auszurichten.

Man kann jeder Einrichtung nur dringend raten, sich intensiv mit den Themen des Gewaltschutzes und der Gewaltprävention auseinanderzusetzen, die Resultate dieses Nachdenkens in ein formales Gewaltschutzkonzept zu gießen und sich mit genau derselben Intensität um die Implementierung der Inhalte dieses

Konzepts mittels der gängigen Instrumente der Personalentwicklung zu kümmern (Einarbeitung neuer Mitarbeiter/innen, Fallsupervision, kollegiale Beratung, Fortbildung, Mitarbeitergespräche, Einrichtung von Beauftragten etc.). Im schlechtesten Falle würde man der Geschäftsführung einer Werkstatt, die diese Maßnahmen unterlässt, Organisationsverschulden vorwerfen müssen. Mit einer positiven Beeinflussung des Bildes, das man damit in der Öffentlichkeit erreichen kann, ist freilich nicht zu rechnen. Es genügt ein Vorfall in einer anderen Organisation, um die Wirkung jahrelanger eigener Bemühungen um Gewaltschutz und Gewaltprävention zunichtezumachen.

5. International vergleichende Studien

Ein letzter Punkt mag die Sicht auf die Gründe der Umstrittenheit von Werkstätten und die möglichen Maßnahmen und Strategien im Umgang mit dieser Umstrittenheit abrunden. Uns fehlen in der Eingliederungshilfe empirisch gehaltvolle Studien, die einen internationalen Vergleich ermöglichen, der Aufschluss gibt über die Institutionenvielfalt der Hilfesysteme und die Zugangsmöglichkeiten unterschiedlicher Gruppen von Menschen mit Behinderung zu diesen Institutionen. Entsprechende Informationen aus diesen Studien könnten dazu beitragen, die Quellen der Umstrittenheit von Werkstätten besser einzuordnen und überzogene Erwartungen an die Lösbarkeit arbeitsmarkpolitischer Integrationsziele zu relativieren.

Der Beitrag von Franz Wolfmeyer (2021) in dem Sammelband von Greving und Scheibner ist bemüht, aber weder theoretisch auf der Höhe noch umfassend genug und leider auch sachlich-inhaltlich nicht fehlerfrei. Das darf nicht das Niveau sein, auf dem sich Diskussionen über die Eignung bestimmter Organisationsformen der Eingliederungshilfe aus international-vergleichender Perspektive zukünftig bewegen sollten. Mit dieser Bewertung verbindet sich auch die Einsicht, dass die organisierte Interessenvertretung der Werkstätten für entsprechende Studien sorgen sollte.

III. Ausblick

Es sind die ganz konkreten Fragestellungen, die dazu anhalten, das bestehende System der Eingliederungshilfe in Deutschland auf inkrementellem Wege zu verbessern. Die Ausgestaltung des Entlohnungssystems in Werkstätten, das ab dem Jahr 2023 zur Reform ansteht, ist eine dieser Fragen, deren Beantwortung bei näherer Betrachtung deutlich werden lässt, wie komplex und voraussetzungsvoll die Aufgabenstellung ist.

Wissenschaftliche Beiträge können dabei in vielfältiger Weise unterstützend wirken, z.B. dann, wenn sie in beschreibend-analytischer Form Informationen über bestehende Strukturen auf supranationaler Ebene und Kriterien für einen möglichen Vergleich dieser Strukturen liefern. Einsichten in die Quellen der Umstrittenheit von Organisationen, wie sie Wolfgang Seibel vermittelt, können dazu beitragen, sich kritisch mit politisch formulierten Zielen auseinanderzusetzen, die von den Grenzen der Gestaltbarkeit bestimmter gesellschaftlicher Aufgaben ablenken sollen. Die Totalinklusion ist auf den Arbeitsmärkten moderner Industrie- und Dienstleistungsgesellschaften nicht erreichbar, weder im Hinblick auf die immer noch hohe Zahl der Langzeitarbeitslosen noch für Menschen mit einer wesentlichen Behinderung. Vom Versuch einer schrittweisen Verbesserung der Verhältnisse sollte das aber nicht ablenken.

Seibels Diagnose eines funktionalen Dilettantismus war weder im erklärenden Sinne richtig, noch vermittelte sie die notwendige Reformenergie, die Organisationen des dritten Sektors der Gesellschaft, zu der auch Werkstätten für behinderte Menschen gehören, zu modernisieren (vgl. Schnurbein 2018). Kapitalismuskritische, neo-marxistische Ansätze, wie sie in dem Sammelband von Greving und Scheibner und in manch anderen sozialwissenschaftlichen Ansätzen entfaltet werden, tragen erst recht nicht dazu bei, bei konkreten Fragestellungen eine auch nur halbwegs praxistaugliche Problemlösungsperspektive zu vermitteln.

Es kann auch nicht darum gehen, sämtliche Quellen der Umstrittenheit von Organisationen trockenzulegen. Normverstöße sind ein permanentes, nicht wegorganisierbares Risiko für die Klient/innen einer Organisation und für die Organisation selbst. Auch die Affektbesetzung gehört zu den permanenten Herausforderungen, denen man nur mittels Bereitstellung faktenbasierter Informationen und Aufzeigen einer grundsätzlichen Reformbereitschaft entgegenwirken kann.

Es werden am Ende gerade auch die Beiträge der gestaltungsorientierten Wissenschaften sein, also der Rechtswissenschaft und der Ökonomie, die uns Hinweise für die Lösung praktischer Probleme geben. Die künftige Ausrichtung des Entgeltsystems der Werkstätten unter Berücksichtigung des Anspruchs von Menschen mit Behinderung auf eine nicht-diskriminierende, gerechte, transparente und auskömmliche Vergütung bedarf jedenfalls einer politischen Lösung, die rechtlichen Vorgaben genügt und betriebswirtschaftlich machbar ist. Zumindest bis dahin werden die Quellen der Umstrittenheit von Werkstätten für behinderte Menschen weiterhin kräftig sprudeln.

Literatur

Ahrbeck, Bernd (2017): Der Umgang mit Behinderung: Besonderheit und Vielfalt, Gleichheit und Differenz, 3. Aufl., Stuttgart.

Altvater, Elmar (2014): Die Dialektik der Ausbeutung: Ohne Ausbeutung keine Moderne, mit Ausbeutung keine Zukunft, Hamburg.

Arnold, Ulli (1990): Entwicklung einer Marketing-Konzeption der Werkstätten für Behinderte. Forschungsbericht im Auftrag des Bundesministeriums für Arbeit und Sozialordnung, BMA-Reihe Sozialforschung Nr. 208, Bonn, https://elib.uni-stuttgart.de/handle/11682/8936 (1. März 2022).

Becker, Uwe (2016): Die Inklusionslüge. Behinderung im flexiblen Kapitalismus, 2. Aufl., Bielefeld.

Becker, Uwe (2018): Inklusion – Anmerkungen zur Ermüdung eines Menschenrechtsprojekts, Vortragsmanuskript, Potsdam, https://www.gbm.info/wp-content/uploads/2018/10/Vortrag-Prof.-Becker.pdf (1. März 2022).

Behrendt, Hauke (2018): Das Ideal einer inklusiven Arbeitswelt. Teilhabegerechtigkeit im Zeitalter der Digitalisierung, Frankfurt a.M./New York.

Bendel, Alexander/Richter, Caroline/Richter, Frank (2015): Entgelt und Entgeltordnungen in Werkstätten für Menschen mit Behinderungen. Etablierung eines wirtschafts- und sozialpolitischen Diskurses. Expertise im Auftrag der Abteilung Wirtschafts- und Sozialpolitik der Friedrich-Ebert-Stiftung, Bonn.

Boecker, Michael/Weber, Michael (2021): Wie lässt sich die Wirksamkeit von Eingliederungshilfe messen?, Freiburg.

Böick, Marcus (2018): Die Treuhand. Idee – Praxis – Erfahrung 1990–1994, Göttingen.

Brunner, Claudia (2020): Epistemische Gewalt. Wissen und Herrschaft in der kolonialen Moderne, Bielefeld.

Götsch, Monika/Menke, Katrin (2021): Intersektionale Ungleichheiten: Die Ökonomisierung des deutschen Wohlfahrtsstaates und seine Folgen, in: Mauer, Heike/Leinius, Johanna (Hrsg.) (2021): Intersektionalität und Postkolonialität. Kritische feministische Perspektiven auf Politik und Macht, Opladen/Berlin/Toronto, S. 161–180, https://www.genderopen.de/bitstream/handle/25595/1990/G%C3%B6tsch_Menke.pdf (1. März 2022).

Greving, Heinrich/Scheibner, Ulrich (Hrsg.) (2021a): Werkstätten für behinderte Menschen. Sonderwelt und Subkultur behindern Inklusion, Stuttgart.

Greving, Heinrich/Scheibner, Ulrich (2021b): „Im Anfang war das Wort", Sprache, Macht und die „Werkstätten", in: Greving/Scheibner (2021a), S. 65–104.

Hüppe, Hubert (2021): „Werkstätten" im Konflikt mit dem Grundgesetz, in: Greving/Scheibner (2021a), S 36–64.

ISG/infas – Institut für Sozialforschung und Gesellschaftspolitik/Institut für angewandte Sozialwissenschaft (2021): Studie zu einem transparenten, nachhaltigen und zukunftsfähigen Entgeltsystem für Menschen mit Behinderungen in Werkstätten für behinderte Menschen und deren Perspektive auf dem allgemeinen Arbeitsmarkt. Erster Zwischenbericht, Berlin, https://www.bmas.de/SharedDocs/Downloads/DE/Publikationen/Forschungsberichte/fb-586-studie-entgeltsystem-menschen-mit-behinderungen-zwischenbericht.pdf (1. März 2022).

Kaltenborn, Bruno (2020): Einkommenssituation von Beschäftigten in Werkstätten für behinderte Menschen. Bericht für die Bundesarbeitsgemeinschaft der Werkstätten für behinderte Menschen e.V., unveröffentlichtes Manuskript, Frankfurt a.M.

Kaltenborn, Bruno (2021): Neues Entgeltsystem für Beschäftigte in Werkstätten für behinderte Menschen. Bewertung des Ersten Zwischenberichts von ISG und infas im Auftrag des Bundesmi-

nisteriums für Arbeit und Soziales, im Auftrag der BAG WfbM, unveröffentlichtes Manuskript, Potsdam.
Kaufmann, Martin/Walter, Jochen (2019): Eingeschränkte Teilhabe am Arbeitsleben für Menschen mit hohem Unterstützungsbedarf in Deutschland – aktuelle Situation und Ausblick, in: Blätter der Wohlfahrtspflege, Heft 3, S. 105–110.
Liell, Christoph (2002): Gewalt in modernen Gesellschaften – zwischen Ausblendung und Dramatisierung, in: Aus Politik und Zeitgeschichte, B44/2002, S. 6–13.
Luhmann, Niklas (2005): Inklusion und Exklusion, in: Ders. (Hrsg.): Soziologische Aufklärung 6, 3. Aufl., Wiesbaden, S. 226–251.
Nassehi, Armin (2012): Postdemokratie: Das „Goldene Zeitalter" ist vorbei, in: Die Zeit Nr. 32 vom 2. August 2012, https://www.zeit.de/2012/32/Zeitkritik-Postdemokratie-Spaetkapitalismus-Replik (1. März 2022).
Nassehi, Armin (2021): Unbehagen: Theorie der überforderten Gesellschaft, München.
Neidhardt, Friedhelm (1986): Gewalt – Soziale Bedeutungen und wissenschaftliche Bestimmungen des Begriffs, in: Ders./Krey, Volker (Hrsg.): Was ist Gewalt? – Auseinandersetzungen mit einem Begriff, Sonderband der BKA-Forschungsreihe, Wiesbaden, S. 109–147.
Parsons, Talcott (1965): Full Citizenship for the Negro American? A Sociological Problem, in: Daedalus, Vol. 94, S. 1009–1054.
Reemtsma, Jan Philipp (1996): Das Implantat der Angst, in: Miller, Max/Soeffner, Hans-Georg (Hrsg.): Modernität und Barbarei. Soziologische Zeitdiagnose am Ende des 20. Jahrhunderts, Frankfurt a.M., S. 28–35.
Rohrmann, Albrecht (2021): Rezension vom 18. Oktober 2021 zu: Heinrich Greving: Werkstätten für behinderte Menschen. Sonderwelt und Subkultur behindern Inklusion, in: socialnet Rezension, ISSN 2190-9245, https://www.socialnet.de/rezensionen/28633.php (1. März 2022).

Rosa, Hartmut (2005): Beschleunigung. Die Veränderung der Zeitstrukturen in der Moderne, Frankfurt a.M.

Rosa, Hartmut (2018): Resonanz: Eine Soziologie der Weltbeziehung, Frankfurt a.M.

Schnurbein, Georg von (2018): Wider den funktionalen Dilettantismus: Institutionenbildung durch NPO, in: Gmür, Markus/Andeßner, René/Greiling, Dorothea/Theuvsen, Ludwig (Hrsg.): Wohin entwickelt sich der Dritte Sektor? Konzeptionelle und empirische Beiträge aus der Forschung, Freiburg, S. 13–21.

Seibel, Wolfgang (1991): Erfolgreich scheiternde Organisationen. Zur politischen Ökonomie des Organisationsversagens, in: Politische Vierteljahresschrift, 32. Jg., S. 479–496.

Seibel, Wolfgang (1992): Funktionaler Dilettantismus: erfolgreich scheiternde Organisationen im dritten Sektor zwischen Markt und Staat, Baden-Baden.

Seibel, Wolfgang (2016): Verwaltung verstehen. Eine theoriegeschichtliche Einführung, Berlin.

Seibel, Wolfgang (2020): Umstrittene Organisationen. Theoriekonzepte, Falltypologien und interdisziplinäre Forschung, in: Böick, Marcus/Schmeer Marcel (Hrsg.): Im Kreuzfeuer der Kritik. Umstrittene Organisationen im 20. Jahrhundert, Frankfurt a.M./New York, S. 69–85.

Staub-Bernasconi, Silvia (2018): Soziale Arbeit als Handlungswissenschaft. Auf dem Weg zu kritischer Professionalität, 2. Aufl., Stuttgart.

Wagner, Britta/Weber, Michael (2015): Inklusion, Integration und Lebensqualität in Werkstätten für behinderte Menschen, in: Zeitschrift für Heilpädagogik, 66. Jg., S. 128–141.

Weber, Michael (2012): Auf der Suche nach geeigneten Indikatoren für die Steuerung von Werkstätten für behinderte Menschen, in: Vierteljahresschrift für Sozialrecht, 30. Jg., S. 305–326.

Wolfmayr, Franz (2021): Die „Werkstätten" – Alternativen in Europa, in: Greving/Scheibner (2021a), S. 211–265.

Zum Weiterlesen:

Recht der Rehabilitation und Teilhabe von Menschen mit Behinderungen
SGB IX mit anderen Gesetzen und Verordnungen
4. Auflage 2022, 380 Seiten, 12,90 €, für Mitglieder des Deutschen Vereins 9,90 €
ISBN 978-3-7841-3468-0

Das Bundesteilhabegesetz zwischen Anspruch und Umsetzung
Archiv für Wissenschaft und Praxis der sozialen Arbeit 1/2019
96 Seiten, 14,50 €, für Mitglieder des Deutschen Vereins 10,70 €
ISBN 978-3-7841-3123-8

Wie lässt sich die Wirksamkeit von Eingliederungshilfe messen?
Sozialwissenschaftliche Anregungen von Michael Boecker und Michael Weber
2021, 64 Seiten, 9,– €, für Mitglieder des Deutschen Vereins 7,50 €
ISBN 978-3-7841-3405-5

Inklusion: Ideal oder realistisches Ziel?
Eine Kritik von Suitbert Cechu
2016, 64 Seiten, 7,50 €, für Mitglieder des Deutschen Vereins 6,50 €
ISBN 978-3-7841-27552

Inklusion ist machbar!
Das Erfahrungshandbuch aus der kommunalen Praxis
Hrsg.: Montag Stiftung Jugend und Gesellschaft
2018, 296 Seiten, 19,80 €, für Mitglieder des Deutschen Vereins 17,50 €
ISBN 978-3-7841-2984-6

Bestellen Sie beim Lambertus-Verlag, Postfach 1026, 79010 Freiburg, Tel. 0761/36825-0, Fax 0761/36825-33, E-Mail: info@lambertus.de

oder versandkostenfrei in unseren Online-Buchshops:
www.verlag.deutscher-verein.de
www.lambertus.de